추억의 저린 낱장의 행복

"안단테로 읽어 주세요"

추억의 편린 낱장의 행복

초판 1쇄 발행 2023년 12월 15일

지은이 박필우 **펴낸이** 김언경 **펴낸곳** 홍익출판사
편집 조영성 **일러스트** 박진서
주소 대구광역시 중구 명륜로23길 38-4
전화 (053) 421-6700, 427-3627 **팩스** (053) 423-5965
E-mail hongick8821@daum.net

가 격 17,000원

ISBN 978-89-7826-312-2

대구문화예술진흥원
Daegu Foundation for Culture & Arts
DAEGU 대구광역시
DAEGU METROPOLITAN CITY

'본 사업은 2023 대구문화예술진흥원 문예지발간지원으로 출간되었습니다'

추억의 편린

날개의 행복

박필우 산문집

홍익출판

머리말

가을이 왔다. 인생에도, 삶에도 현실이라며 성큼 다가와 코앞에 내려놓는다. 어느 순간 찬바람이 분다. 네 인생에서 겨울은 지금부터라고, 더는 물러설 곳이 없다며 싸늘한 미소로 다가온다.

불교에서 삶이란 고해(苦海), 즉 끝없이 펼쳐진 괴로움의 바다라고 하였다. 태어나 사랑하는 이를 잃고, 미워하는 대상을 만나고, 구하는 것을 얻지 못하고, 욕망에 시달리다 늙고, 병들고, 끝내 죽을 수밖에 없는 팔고(八苦)의 과정, 일체개고(一切皆苦)의 삶이 우리 인생이란 말이다.

비관적이다. 부정적 면만을 골라 절망을 심어줌으로써 심취하게 만들려는 농간이다. 불행과 행복은 자매이다. 따라서 행복이란 고정적이며 불변적인 것이 아니라 유동적인 상태인 내 마음에 만족이 찾아왔을 때다.

길이 아닌 길을 욕망하고, 도덕의 질서를 무너트리면서 행복하게 살기 위한 발버둥은 차라리 슬픔이다. 나를 사랑한다면서 욕망을 잃지 마라, 남을 시기하고 질투하라, 도덕을 허물고, 고난의 길에서 허덕이라 부추길 수는 없는 노릇이다. 불필요한 것의 노예라니? 역겨운 곳만 추종하며 살아온 과거였다 할지라도, 앞으로 얼마가 남았건 망각의 명약을 들이켠 후 욕망의 누더기를 벗어버리고 훨훨 나는 듯 자유로이 살아야 한다.

물고기가 물에서 헤엄을 치지만, 스스로 물에 있음을 잊는다. 나 역시 얼마나 많은 사랑을 받아 먹고 살아왔는지 알지 못한다. 신은 너무나 멀리 있고, 사람은 아주 가까이 있다. 사람에 대한 사랑이 우선이다. 황홀한 노을을 바라보는 노년이라 반전을 꿈꾸기에는 늦었다 할지라도, 그래서 주야장천 신을 향해 애원하더라도, 사람을 사랑하고 볼 일이다. 그래서 생의 끝자락, 누군가의 흠모가 따른다면 만족한 삶이었다 하리라.

부끄럽게도 또다시 책 한 권을 세상에 내민다. 책을 발간해 준 홍익출판사 김언경 대표와 편집을 도맡아 준 디엔씨 조영성, 그리고 짧은 시간임에도 삽화를 꾸며준 박진서에게 고마움을 전한다.

1막 남자의 행복

序 – 만다라트 ……………… 12
고목, 최후를 기억하다 ……………… 14
무의식, 뒷모습을 보았다 ……………… 20
외로움, 심연의 고독 ……………… 26
망연(茫然)의 결실 ……………… 32
그리고 감정이입 ……………… 38
인연이란 게 참 ……………… 44
내가 가장 고왔을 때 ……………… 50
이유가 뭘까 ……………… 58
삼류작가 분투기 ……………… 66
본능을 거역하다 ……………… 70
비 오는 날의 술취화 ……………… 74
까르페모리 ……………… 82
이웃사촌 탐구생활 ……………… 86

2막 추억의 갤러리

序 – 추억도 약이 될까 92

기억의 왜곡과 낱장의 추억 94

참외 서리 100

오빠야 107

사랑을 맛보다 114

참 오래된 행복 120

별 하나 별 둘 126

응달진 춤 자유의 구름이 되다 132

어린 시절 향기가 난다 138

운동회 그 쓸쓸함에 대하여 144

옆집 최가네 150

3막 이제부터 행복해질 거야

序 – 행복해질 거야 ……………166

아침에 집 나간 아내를 기다리며 1 ……………168

아침에 집 나간 아내를 기다리며 2 ……………173

삑사리 ……………180

인생은 리듬을 타고 ……………186

꾹담, 七十而從心所欲 不踰矩 ……………191

답사도반 ……………198

그녀 이름은 ……………205

3퍼센트 소금 ……………212

가장 뛰어난 명의 ……………218

대한민국 독도 ……………224

4막 산책

序 – 가볍지 않은 산책 234

나의 문화답사 236

만추의 계절 팔공산 순환길 240

팔공산아 244

북지장사 봄길 250

안나 가실성당 비와 함께 찾다 258

성스러운 기운 한티성지 264

반가의 살림살이 우복종가 273

유학산 정상을 오르다 283

옛 멋과 자긍심 290

100년 전 과거로의 여행 298

1 낱장의 행복

행운은 만드는 것이다.
우연하게 행운이 찾아온 것처럼 보이지만
과거에 끊임없이 노력하고 있었다는 뜻이다.

序 만다라트

'Mandalart'란, 목표 달성과 기술이 합쳐진 말이다. 우리는 늘 최선을 다한다고 해도 불행은 결코 미련을 거두지 않는다.그렇다고 행운을 포기할 수 없다.

운이란 그냥 찾아오는 것은 아니다. 행운은 만드는 것이다.마치 우연하게 행운이 찾아온 것처럼 보이지만, 과거에 끊임없이 노력하고 있었다는 뜻이다.

주변 환경은 물론이거니와 나의 행동 하나도, 한마디 말도, 착하고 행동하고, 겸손하며, 성실하게, 그리고 이웃의 불행에 눈감지 않는 사람 품으로 행운이 안겨 온다.

혹, 내일 찾아올지도 모를 행운을 위해서 낯선 이를 냉대하지 마라. 그가 천사일지도 모른다.

풍뎅이 한 마리, 방범창에 붙어서 후후 불어도 꼼짝도 하지 않더니 샤워하고 나오니 갔다. 나에게 무슨 메시지를 전하러 왔을까?

혹 행운을 준비하라는 의미였을까?

신탁이 어떻게 나오든 판단은 나의 몫이다.

고목, 최후를 기억하다

흐릿한 눈으로 마주 섰다. 불면으로 어둠을 밝힌 뒤 이른 꿈인가 했지만 아니다. 거울 속에서 처음으로 아버지께 대들던 그날처럼 슬픔이 묻은 눈망울로 보고 있다. 세월에 탈색

된 눈동자에 또 한 명의 아버지가 보인다. 눈을 감고 고개를 숙이자 귀가 열린다. 아버지가 아들을 부른다. 목소리에 물기가 묻었다. 얼굴이 확대되어 잔상처럼 나타난다.

밤새 시간의 경계를 자유로이 넘나들다 통제권을 놔버린 탈탈 털린 영혼이 날이 밝았다고 온전할 리 없다. 기억을 털어내듯 고개를 휘젓고 찬물로 얼굴을 헹궜다. 축축한 얼굴을 들어 뚫어져라 거울을 노려본다. 인생을 낭비한 후 회한에 젖어 비통에 빠진 온전한 나였다. 적잖은 세월을 버틴 머리카락은 물론 터럭까지 점령해 버린 서리, 속살이 보이는 정수리를 바라보다 부질없이 하세월을 보낸 과거가 떠올라 도리질 친다.

자연의 비밀을 훔쳐보는 느낌이었다. 초겨울, 석양을 바라보며 달리다 우연히 만났다. 서산으로 저물어 가던 태양이 나무줄기에 걸리면서 노목이 펼치는 복된 파노라마 공연을 보았다.

만고풍상을 이겨낸 노거수를 바라보는 순간 황홀경에 가슴이 두근댔다. 석양이 붉은 기운을 토해내자 앙상한 가지마다 실루엣을 만들어 장관을 연출하고, 네거티브 선의 아찔한 아름다움의 극치, 마치 혈관을 타고 흐르는 정기 같은 긴장의 아름다움이었다.

도무지 침묵할 수밖에 없는 고요의 순간, 오묘한 자연의 조화와 석양의 황혼이 진정 환희로 다가왔다. 도심에서 방황하는 영혼을 다독이고, 지친 마음에 희망의 에너지를 선사했다. 잘 늙어간다는 것이 얼마나 멋있는 일인가를 깨닫게 된 사연이다.

원천적으로 시간을 되돌릴 수 없는 까닭에 현실은 단호하였다. 좌절에 대비해 현실주의자가 되어 불가능이란 꿈을 잊지 않고 살았다. 시작부터 생각이 잘못되었다. 실패의 쓴맛이 쌓이면서 세월에 굳자 퇴적층을 이뤘다. 회상을 빙자해 과거를 검색하듯 한 겹 두 겹 깎아내면서 천장이 꺼질 듯 반복되는 한탄의 나날에 질린다. 무엇 하나 이룬 것 없음에도, 이보다 더 나쁜 일 없어서 다행이라고 자탄한 세월이 그야말로 부끄럽기 짝이 없다. 패배로 점철된 과거뿐이건만 꿈에서조차 어르고 달래는 한심한 인간에게 위로하기도 지친다. 그럼에도 불구하고 종말을 향한 동경이 끝끝내 구원을 갈구하며 응원하길 마다치 않는다. 참 질긴 미련이다.

그리움이란 힘이 참 세다. 10여 년, 황홀경에 빠진 순간을 영상으로 품고 살았다. 잘 늙는다는 것이 얼마나 아름다운지 그 가치를 증명하고 싶었다. 자아를 찾는다는 거창한 명제가 아니어도 좋았다. 황혼으로 접어드는 삶을 맞이하면서 자연스레 재생된 영상 때문이다.

하필이면 수은주가 영하로 떨어졌다. 이른 시간이라 석양은 기약도 없다. 겨울 햇살에 동승한 냉한 바람이 살갗에 착 달라붙는다. 앙상한 가지가 시린 하늘에 닿았다.

그간 무슨 일이 있었던 것일까. 수술을 끝내지 못한 채 방치되어 주름뿐인 알몸으로 최후를 기다리고 있다. 굴곡진 가슴은 물론 아랫배마저도 몽텅 드러냈다. 텅 비어버린 속, 속속들이 내보이는 살결은 혼돈에 물든 검정빛이다. 붉은 기운을 토해내던 지난날 잔가지는, 팔이 잘려 세상을 버틸 중심마저 기울었다. 소독약인 양 번들대는 기름칠이 노거수 향기마저 차단했다. 턱받침도 모자라 가지마다 지팡이에 지탱하면서, 밑둥치는 부목에 의족까지 차고 있다. 숨찬 듯 지면 밖으로 솟은 뿌리는 어떤 의술로도 치유할 수 없는 골다공증에 걸렸다.

얼마가 될지 알 수 없으나 땅 깊숙이 지탱했던 뿌리도, 쉼 없이 영양분을 제공했던 지력도 한계에 다다랐다. 나이테마저 무색해 버린 600년 세월, 한결같았던 굳건함은 이제 갈 때를 떠올리고 있다. 얼마나 많은 인간의 기운을 북돋웠고, 얼마나 많은 소원을 귀담아들었던가. 한탄뿐이던 중년의 등을 붉은 실루엣으로 밝혀주던 과거는 추억의 저편으로 넘겨졌다.

팔을 뻗어 손바닥을 뿌리에서 밑둥치로, 이어서 줄기로 옮긴다. 애써 흉물스럽게 말년을 버티는 모습 대신, 격조 있는 최후를 맞게 두라며 간곡하다. 이상향을 꿈꾸던 추억으로도 충분히 행복할 수 있다며, 인간의 낡은 동정을 뿌리친다. 너의 세상으로 돌아가 나의 전설을 가감 없이 전하라며 당당하다. 앙상한 잔가지가 머리를 쓰다듬는다. 오히려 너는 남은 결실의 꿈이 있지 않으냐며 응원한다.

가없이 자연과 사랑을 나누며 인고의 시간을 견딘 위대함의 결말이다. 긴 세월 고향을 지켜온 황목근, 꼬박꼬박 세금 내던 팽나무가 생명을 다하고 있다.

기다림의 결실, 노목에 등을 기댄 채 저물어 가는 석양과 마주한다. 참 장엄한 광경이다. 장년에서 노년으로 세월의 마차를 갈아타면서 나랏돈을 받아먹는 처지로 가치가 하락한 인생은 황홀한 노을 바라보며 회한에 젖는다.

밑둥치가 텅 비어버린 속, 삶이 숙성해지면서 나타나는 아름다움의 결실은 결국 비움이라는 화두를 안긴다. 늦었지만, 지금부터라도 너의 죽음을 기억하면서 삶 앞에 겸손 하라고 한다. 지금처럼 의미 없는 밤이 이어질 것이고, 구석을 찾아 뒹구는 낙엽처럼 남은 정력을 앗아가더라도 시시때때 표출되던 욕망과 분노를 비워야 할 때라고 말이다.

돌아서는 발길, 황홀경에 지워지지 않던 파노라마 영상이 자연스레 낡은 화면으로 교체되어 가슴에 들어선다. 기어이 아버지를 떠올린다. 당신께서 뼈와 살이 달라붙은 앙상한 팔을 들어 장성한 아들 볼을 쓰다듬으려 애쓰던 그때 눈망울을 기억한다. 아버지 눈동자에 내가 담겼음을 보았다.

종교가 없는 자는 외롭거나 혹은 자유롭다. 자유는 굳건하게 가로질린 편견의 빗장을 활짝 열어야 가능한 법, 불행하게도 외로움을 이기지 못했다. 이보다 스스로 연약함을 드러낸 행위가 또 있을까. 돌이켜보면 세상에 내던져지는 순간부터 불완전하다 단언하면서 종교에 기웃대고 신에게 의지해 뭔가를 얻으려 했다. 그러나 어느 순간 마음에 영양 보충이라며 절간을 찾은 뒤 오늘이라는 마침표가 일그러지고 있음을 알았다. 자기 연민에 빠진 채 세속적 기복 그 이상도 이하도 아니란 사실이다. 제발 나를 돌봐달라며 소리친 한심한 세월이 후회스럽기만 하다.

나이가 주는 뒷걸음질에 맞게 포용의 보폭을 인정하자. 그리운 것 대부분 세상에 없으니 애절할 일 없다.

어느 때부터 꽃은 안개 속에서 피어나기 시작했고, 귀에서는 징 소리, 갈대 스치는 바람 소리, 쇳소리 섞인 노랫가락 울리는데, 조락을 앞둔 삶에서 필사적 발버둥은 그 의미를 잃었다. 더불어 오감도 다투어 둔화되어 가는데, 행운만 따라준다면 옛날 고리짝에 달라붙었던 가면을 벗어던진 본모습 찾을지도 모른다.

영혼이 얼마나 맑아야 가능할지 알 수 없지만, 무릇 내 뜻과는 상관없이 세상에 내던져진 기적처럼 최후의 순간에 기적을 기대해도 좋지 않을까.

참 오래 걸렸다. 내가 누구이든, 어디서 와서 어디로 가든, 삶은 그냥 살아가는 것이지 분석할 까닭이 없다는 것을…….
아마 나는 여태껏 윤회를 한 번도 하지 못한 미숙아는 아니었을까.

이 엄동에 속살을 드러낸 고목은 어찌하며 버텨낼까.

무의식, 뒷모습을 보았다

전신거울 앞에 섰다. 시간을 투자해 머리부터 발끝까지 말끔하게 꾸미려 애쓴다. 인간상품으로 만드는 작업이다. 필요하다면 썼다 벗었다 자유자재인 가면이라도 있었으면 하는 절박함도 있다. 사실 여부를 떠나 삶 자체가 지식과 감각으로 다져진 세련된 이미지를 주기 위해서다.

경험상 창을 등지고 앉아야 승률을 높일 수 있다는 사실을 잊지 않는다. 햇살이 주는 실루엣이 환상 그 이상의 이미지를 높여준다. 안타깝게도 히틀러가 청중을 향해 연설할 때 자주 애용하던 방법이다.

햇살을 마주한 젊은 여자가 눈을 땡그랗게 뜬 채 시선을 피하지 않는다. 머리에 서리가 내린 건너편 남자의 실체가 궁금하다는 뜻이다. 그 옆에는 갑의 입장에 익숙한 듯 중년 남자가 왼팔을 의자 등받이에 걸친 채 삐딱하게 앉아 실눈을 뜨고 아래위를 훑는다. 여자에겐 반백이 주는 겸손이 부담으로, 남자에겐 상대편 의도된 지적 이미지가 승부욕을 자극하는 듯했다. 아무리 경험해도 익숙지 않은 관공서다.

그들 머리에 나란 존재를 선명하게 각인할 필요가 있다. 신뢰를 주기 위해 목소리는 물론 손짓과 표정 하나하나에도 집중한다.

어느 순간부터 남자가 조금씩 자세를 바르게 고치며 관심을 보이기 시작한다. 드디어 질문을 던진다. 설득에 다가간다는 방증, 비판적 시각이 열어지며 긍정적으로 변해간다는 뜻이다. 이때를 놓쳐선 안 된다. 마지막 결정타를 가해야 한다. 감춰둔 비장의 한 수, 상대가 예상치 못했던 덤을 안겨주며 물러설 곳을 제거한다.

준비한 설득 커뮤니케이션을 완벽하게 발휘했다. 그러나 마지막까지 긴장을 늦춰서는 안 된다. 일어나서 악수한 후 묵례로 마무리하고 돌아선다. 앞모습에서 뒷모습으로 자연히 의무교대가 이뤄질 때다.

확연하게 느낀다. 그들은 문밖으로 사라질 때까지 내 뒷모습에서 눈을 떼지 않는다. 일을 맡겨도 될까? 라는, 확신을 점검하기 위한 본능이다. 이때 몸동작이나 보폭, 흔들리는 팔, 어깨와 뒷머리 등 어느 것 하나 어색하게 보여서는 곤란하다.

하나 더 남았다. 재차 앞모습이 나설 차례다. 문 앞에 도달했을 때 뒤로 돌아 사무실 전체를 향해 고개 숙이는 것을 잊으면 안 된다. 최대한 자연스러우면서도 격조 있게……. 다분히 의식적이지만 무의식적 진실인 양 보여야 한다. 그런 후 재차 뒤를 보이며 여유 있게, 그러나 빠른 동작으로 경계를 벗어난다.

온전히 밖으로 나온 후에야 긴장을 푼다. 앞모습과 뒷모습이 합작한 더할 수 없는 승리다.

모 지방정부 관광지 연구 사업에 참여하기 위해서였다. 알뜰하게 준비해 간 기획서를 기반으로 완벽하게 설명한 후, 돌아서 나올 때 출구를 찾지 못해 허둥대는 최악을 보이고 말았다. 뒷모습을 의식해 돌아서 멋쩍게 웃어준다는 것이 일그러진 얼굴을 해 보였다. 결국 그 일은 성사되지 못했다. 앞에서 심어주었던 확신이 채 일 분도 지나지 않아 뒷모습에 의해 허깨비 기침처럼 날아 가버렸다. 돌이켜 생각해도 필름을 거꾸로 돌리고 싶은 심정이다. 그때부터 관공서나 큰 사무실에 들어서면 본능처럼 구조와 출입구, 심지어 화장실까지 확인하는 버릇이 생겼다.

뒷모습에 관심을 가지기 시작한 것은 고등학교 3학년 시절이었다. 학생회장 투표가 있었다. 여전히 불가사의하지만, 압도적 최다득표를 얻었다. 의자에서 일어서는 경쟁자 등이 보였다. 고개를 끄덕였지만, 목을 이리저리 움직였다. 아쉬움이 자작하게 깔려 있었다.

어느 봄날 아침햇살에 반짝이는 하얀 두루마기를 입고 삽짝을 나서던 아버지는 자신감에 차 있었다. 해거름이 되자 약주에 취한 아버지가 비틀거리며 돌아왔다. 어머니가 반기자 말없이 입술로 웃었다. 돌아서 사랑방으로 들어갈 때 아버지 등과 어깨에는 삶에서 오는 고단함이 묻어 있었다. 기대했던 약속이 일그러진 것이리라.

물건을 하기 위해 도회지로 떠나던 큰형의 자신감 넘치는 앞모습과 달리 돌아서는 발길에는 허영이 거품처럼 뭉글뭉글 솟고 있었다. 그런 형이 불안했다. 역시 틀리지 않았다. 그길로 도시의 하이에나로 변신해 무려 삼 년씩이나 네온사인에 몸을 숨겼다. 맏아들에 대한 무한신뢰가 어머니 눈을 가리고 말았다. 그때부터 꽁꽁 싸맨 채소 보따리가 어머니 삶이었다.

어수선한 꿈을 꾼 어머니는 타지에서 혼자 살아가는 아들 안부가 궁금하다며 찾아왔다. 절망에 빠져 허우적대는 아들을 기적처럼 살려놓고 병원 문을 나서던 어머니 뒷모습은 평생 지워지지 않는다. 좁은 어깨와 등에 빛을 타고 내려온 천사가 금가루를 뿌려주는 듯했다.

큰 사건을 겪은 후는 더 심하게 드러난다. 며칠 전 길에서 우연히 친구를 만났다. 평소와 달리 과장된 말과 표정으로 반기고 돌아서는 등 뒤로 텅 빈 걸망이 걸려 흔들리는 듯했다. 친구에게 지난한 사정이 들킬까 급급했던 것이다.

사회에서 만난 벗과 모처럼 회포를 풀었다. 피곤했던 탓에 한 잔 더 하자는 제의를 거절했다. 가로등 불빛 아래서 환한 얼굴로 인사를 나눈 뒤 돌아서 가던 벗의 어깨에 외로움의 물결이 일렁였다. 어두운 골목을 추적추적 홀로 걸어가는 벗을 한참 동안 바라보았다. 아마도 아내를 먼저 떠나보내고 난 후의 텅 빈 집을 떠올리고 있을 것이리라. 후회가 밀려들었다.

나와 절대로 마주할 수 없는, 가장 가까우면서도 멀기만 한 뒷모습이 궁금했다. 영상으로 담아보았다. 카메라를 의식한 뒷모습이 이보다 생소하고 어색할 수 없다. 뒷모습을 단 한 번도 의식하지 않고 살았는데, 나를 내가 확인하려니 어색할 밖에. 재차 확인이 필요했다. 두 개 거울을 통해 뒤를 본다. 이런 젠장! 뒷모습조차 의식적이다. 어느 때보다 의식하고 보아서다. 살아 있는, 진솔한 내 뒤를 본다는 것은 불가능함을 깨달았다. 무의식의 뒷모습이 분명 나지만 내 것이 아니다. 본능처럼 감정을 이입한 타인의 것이다. 뒤는 마주한 이를 속이지 못한다. 앞모습이 의식적인 가면극이라면 스스로를 밝히지 않는 뒷모습은 정직하고 진실 자체다. 결국은 바른 생각과 양심과 상황에 따라, 본성에 맞춰 달라지고 있음을 알았다.

공거 사업에 대비해 알뜰하게 준비한 기획서를 들고 거울 앞에 선다. 표정과 손짓을 섞어 반복해 연습한다. 머리를 재차 매만지며 눈에 힘을 주며 확신을 불어 넣는다. 할 수 있다며 응원한다. 목을 감싼 티셔츠를 바로 하고, 윗옷을 걸친 뒤 머플러로 포인트를 준다. 돌아서며 거울을 훔쳐보았다. 아뿔싸! 지구 중력에 살이 늘어지고, 목이 뒤틀린 중늙은이가 눈에만 힘을 주고 있다. '피식'하고 콧김이 샌다. 완전히 돌아서자, 거울만이 나를 본다. 세상으로 떠밀리는 날 거울이라도 응원해 주길 바란다.

통통 튀는 젊은이들 아이디어와 경쟁하기에 한계를 실감하는 요즘이다. 그래도 도전장을 내듯 파이팅을 외치며 목적지를 향한다. 목에 힘이 들어가자 유난하게 상체가 뻣뻣하다. 몹쓸 일이다. 뒷모습을 의식하고 살아가야 한다니…. 온전히 책임져야 할 나이가 된 것일까.

잘 늙은 사람 얼굴은 하나의 풍경이라는데, 뒷모습은 이를 필수적으로 증명해야 하는 속성을 지녔다. 뒷모습이 아름다운 사람은 적절하게 풍기는 인품, 비울 때와 물러설 때를 아는 정직한 등과 겸손이 물든 어깨를 가졌다.

주위에 그런 사람이 몇 명이나 될까. 유연하지 못한 삭막한 내 정서의 책임인 것을.

외로움, 심연의 고독

두 분 수녀님 좁은 어깨 사이를 비집고 은빛 햇살이 내려앉는다. 확고한 종교적 신념이 담긴, 이보다 더 경건할 수 없는 발걸음을 따라잡았다. 멀리서 목회자 주술 같은 소리가 나뭇잎 사이로 가늘게 들린다. 신을 향한 간절함이 남 같지 않다. 실골목을 벗어나 편도 2차선 인도에 올라섰다.

차라리 골목이 좋았다. 타인의 무심한 눈길이건만 아무리 반복되어도 그때마다 제 혼자 한기를 느낀다. 그러니 내가 죄 없는 죄인인 양 고개를 숙일밖에….

오늘따라 더 좁은 인도, 울퉁불퉁 서덜길처럼 튀어나온 블록 모서리가 심장까지 치댄다. 그도 부족해 걸음을 방해하는 전신주가 이렇게 많았음을 새삼 깨닫는다. 도무지 어떤 힘으로도 쓰러지지 않을 것만 같은 거인을 상대할 자신이 없어 짧게나마 편의점 의자 신세를 진다. 괜히 담배를 끊었다. 다들 분주한데 나만 가뭇없다. 가없는 영혼의 고요.

얼마를 걸었을까? 마치 일에 쫓기는 사람인 양 횡단보도를 바쁘게 건너고 휴대전화기를 들어 시간도 확인한다. 사방을 둘러보았다. 매끈하게 빠진 얼음장 같은 사각의 건물이 자본의 위용을 자랑하고, 넓은 배를 드러낸 10차선 도로를 위세 좋게 질주하는 자동차들이 저마다 바쁘다.

토막토막 하등 의미 없던 지난 순간을 이어 붙이자, 도무지 내가 어디를 향하고 있는지가 궁금했다. 깨닫고 보니 목적은 커녕 갈 곳도 오라는 곳도 없다. 그럼에도 불구하고 함께 천국에 가자는 인간의 유혹을 허세 좋게 뿌리친다.

역시 골목이 제격이다. 예수 천국을 뒤로하고 실핏줄처럼 이어진 골목으로 생소한 발걸음을 옮겼다. 한밤의 잔재들이 어렴풋이 남아 시선과 코를 비릿하게 만든다. 골목마저도 저마다 성격을 달리한다고 새삼 깨닫는다. 시멘트 담장 아래 한 줌 흙에 삶을 지탱한 노란 민들레가 자연의 경이로써 너는 너일 뿐이라며 충고 한다. 깨진 간판 사이로 딱 고만큼 골목으로 햇살이 비친다. 태양이 주는 알량한 축복 같다.

휑하게 열린 식당 출입문에 섰다. 하세월 객을 기다리며 졸고 있는 아주머니가 이방인 기척에 부스스 고개를 든다. 마주친 눈길이 외롭다 한다. 입을 가로로 찢어주고 돌아서자 빈총에서 쏘는 바람탄환이 등짝에 명중한다. 아주머니나 나나 순식간에 외로움이 코팅된다.

문 닫힌 분식집 입구에 '폐업' 팻말이 갸날프다.

그동안 고마웠다고 전혀 고맙지 않게 인사하고 있다. 작금의 상황이 마치 너 때문이라는 듯 씁쓸하다. 눈을 가까이해 빈틈으로 안을 들여다보았다. 먼지 묻은 집기들이 널브러져 침묵의 랩소디를 연주하고 있다. 공연이 끝난 후 무대 뒤의 풍경 같다. 절대로 열리지 않을 것 같은 출입문 아래를 발로 툭 찼다. '챙!' 하고 공허가 가슴에도 공간에도 울린다. 짧은 순간 침묵을 즐긴다. 돌아섰다. 바닥에 빈 점포를 알리는 팻말 떨어지는 소리가 들린다. 이제 외롭지 않겠구나.

곁에 있어야 할 사람이 냉소를 머금은 채 마주 보고 있다. 눈에서 멀어지면 마음도 멀어진다는데, 순 거짓말이다. 몸이 가까이 있어 마음이 가까워져야 하건만, 어찌 된 일인지 점점 더 멀어지기만 하니 기가 찰 노릇이다. 이쯤 되면 마음을 비집고 냉기가 든 것이고, 그 틈에 몹쓸 바이러스가 정신을 갈라놓았다는 의미다. 한때 무지갯빛이 현실이라는 시공에 걸리자, 갈등으로 변신하는 일은 순식간이었다. 비난만이 난무하는 부정할 수 없는 미래를 마주한다.

옛 말에 바람부는 가지에 앉은 참새 신세라고 하였다. 그렇다고 해도 꿈이 있었으면 좋겠다. 문득 가슴에 파도를 담고 싶다. 부딪치고 부딪쳐도 지치지 않는, 젊고 건강한 파도를 마주하면 가슴에 끓는 불신의 앙금이 가라앉을 것 같다. 어쭙잖은 사치, 알량한 자기연민, 얄팍한 지적 허영, 싸구려 혼돈, 낡은 영혼의 소리와 함께 사색을 흉내 내며 버스에 올랐다.

분리수거도 힘든 난삽한 삶을 실은 버스가 외롭다 흔들린다. 의미 없는 목적지를 향해 쉼 없이 달려주니 그저 좋다. 숨죽이던 세포에 생동이라는 리듬이 빠르게 들려왔다. 창밖 풍경처럼 음과 박자가 정신없이 바뀐다. 망망대해를 품었던 가슴은 시간이 지날수록 지루에 빠진다.

변덕, 마음의 소음을 벗고 잠을 청한다. 흔들리는 버스에서 잠을 잔다는 것은 기적보다 더 힘든 일임을 이내 깨닫는다. 침묵이 쌓이고 절대고독이 엄습한다. 벗어날 방법이 없다. 몸과 마음을 움츠리며 고독이 물어뜯도록 정신을 맡긴다. 창밖은 빈틈없이 화창하다. 게으른 놈이나, 놀기 좋아하는 백수가 딱 좋아하는 날씨다. 외로움에서 출발한 고독은 익숙해지기 마련, 가슴에 물기가 스며든다. 아마도 햇살에 습기가 차서 일 게다.

인내력이 바닥을 드러내자 목적지를 수정해 일찍 내렸다. 궁금해하라고 버스 기사가 품는 의문을 풀어주지 않았다. 저도 나만큼 외로운 게다.

기억 속 풍경은 아니지만, 그런대로 흡족했다. 고향에서 떠밀려 굴러떨어진 바위가 모래사장 가운데 놓였다. 파도는 물결을 타고 기세 좋게 밀려와 바위에 온몸을 내던져 부딪친다. 네 자리가 여기가 아니라는 듯 쉬는 법이 없다. 한 번 버림받은 바위는 꿈쩍 않는다. 포기를 모르는 파도는 포말로 부딪친다. 햇살에 물보라가 순식간에 피어났다 사라진다. 영상 화면을 정지해 머릿속에 각인한다. 화해의 빛인가?

더는 나아갈 용기도, 뒤돌아 오를 능력도 없는 바위를 가늠자로 해 언덕에 앉았다. 저 멀리 하늘과 바다는 경계를 잃었다. 온통 파란 세상에 흰 등대와 빨간 등대가 마주 보고 섰다. 더 멀어질 일도 더 가까워질 사연도 없다. 간극의 아름다움, 그 사이로 애지 만한 배가 가늘고 흰 선을 그으며 나아간다. 마음속 갈등의 음양이 뭉개지는 듯하다. 그간 형체에 집착하며 사유화하려던 과거가 의미를 잃었다.

상념을 깨는 기척에 뒤를 돌아다보니 할머니가 반갑다 인사한다. 고독한 이방인은 더 반갑다. 그러나 이내 경계의 시선을 보냈다. 활어 한 접시와 소주 한 병을 흥정한다. 할머니 손가락을 따라 시선을 돌리니 짧은 방파제 입구에 작은 컨테이너가 놓였다. 고독에 윤활유를 칠하란 뜻이었다. 파도 소리가 할머니 뒷말을 먹었지만, 돈을 건넸다. 기다려도 오지 않는다. 활어와 쓴 소주는 파도에 쓸려갔다. 성직자가 원한을 품은 것 같은 심정이 이런 거였다.

컨테이너로 향했다. 할머니가 파도가 뭐라고 하기에 넋을 놓느냐며 측은하게 바라본다. 응당 가져다주리라는 나만의 오해였다. 적은 돈을 지불하고 얻은 쾌락은 짧았다.

버스에 몸을 실었다. 어둠을 뿌리며 잘도 달린다. 창밖은 풍경은커녕 삶에 찌는 중늙은이가 어둠 속에서 마주 본다. 꿈을 많이 꾸어서 더 빨리 늙어버린 영혼이 세상을 향하고 있다. 절대 무위 고독 속 심연의 잠에 빠진다.

꿈인가 환영인가, 온통 파란색에 더없이 희고 빨간 등대가 서로를 향해 빛을 나눠주고 있다.

망연(茫然)의 결실

뜬금없다.

"시신 기증은 의과대학에서만 받는다며?"

연명치료 사전의향서는 물론, 장기기증까지 마쳤는데 빈 육신은 어떻게 해야 할지 모르겠다고 한다.

오랜만에 만난 친구 말에 뒤통수에서부터 등줄기까지 쌍글한 바람이 훑는다. 더 듣지 않아도 상황이 짐작되었다. 그리 넓지 않은 도로가 휑하게 느껴졌다. 정지된 시간, 질주하는 차들의 연속영상이 하나로 묶인 듯했다. 공전과 자전이 멈춘 지구에서 우리만 움직이는 것 같았다. 고요가 찾아왔다. 이렇게 큰 지구가 돌지만, 그동안 아무 소리도 듣지 못했다는 사실을 새삼 깨닫는다. 친구 발걸음에 보폭을 맞추려 애쓰는 놈을 보자 현실로 돌아왔다.

뭐라 대꾸하려 했지만 도무지 백지가 된 머릿속에 난삽한 부유물 뿐 알갱이가 없다. 사거리 신호등에 빨간불이 들어와 있다. 고개를 돌려 친구를 내려다보았다. 작은 체구지만 눈빛만큼은 야생의 맹수를 연상케 했다. 횡단보도가 파란 불로 바뀌었다. 걸음을 재촉했다. 네놈에게 지지 않겠다는 듯 반보폭 앞서 걷는다. 무의식적 억압된 것의 귀환, 감출 수 없는 뒷모습에서 진실을 보았다. 어떤 힘으로도 버틸 수 없는 존재의 시공이 어깻죽지에 무겁게 내려앉았다. 목에서 끈끈한 액이 울컥하고 치민다.

순식간에 사춘기 시절이 파노라마 영상으로 떠올랐다. 단발머리 여고생 뒤를 쫓고, 동산에 올라 통기타를 치며 노래 부르고, 텃밭에서 야외전축 틀어놓고 다리 떨면서 고고 춤을 추던, 그랬던 우리가 벌써 생의 결말을 이야기할 때가 온 것인가.

목적했던 식당에 들어와 밖이 훤히 보이는 창가 자리에 앉았다. 주문한 음식이 나오자 너는 먹기만 하라며 불판에 더미를 쌓듯 올린다. 요놈 고기 기름은 불포화지방산이라 많이 먹어도 된다는 의사가 그렇게 고맙단다. 고기가 익어가는 만큼 친구 표정도 맑게 변해갔다.

욕심 없는 친구였다. 여린 마음에 늘 남을 아파하던 친구다.

세상 끝자락을 경험하고 보니 그동안 회한이 밀려오는 듯했다. 몇 해 전에 몹쓸 병 진단을 받았다. 일찍 발견한 터라 놈의 성정에 노력을 더하면서 지금까지 결과도 좋다. 어쩔 수 없이 일손을 놓았지만, 하루 4만 보, 한 달에 130만 보이상 걸었다니 오래 살기보다 건강하게 살기 위한 애착이 존경스러웠다.

결혼도 하지 않았으니 혼자라 거슬리는 것이 없다며 웃는다. 그런 입가가 메마르다. 소원이 있다면 술잔을 부딪치며 예전처럼 네놈에게 욕지거리를 섞어 대화 했으면 한다. 그제야 참았던 말을 내뱉었다.

"미친놈…."

히히 웃는다. 소리가 맑다. 듣고 싶었던 음성이다. 내가 그랬다.

"장가나 가보고 죽어라. 시까!"

입속 내용물이 흐르지 않게 입술을 모아 이렇게 답한다.

"하늘에 죄짓는 일이다."

죄는 하늘이 네놈에게 지은 것이라고 말하려다 참았다.

형이 부모 산소를 밀어버리기로 하였다. 묘소 인근에 조카 명으로 된 공터가 있어 합치면 제법 너른 땅이 확보될 것이라 한다. 앞으로 큰 도로가 지나가는 것이 욕심에 한몫했으리라는 친구 생각이었다. 자신이 죽으면 화장한 후 골분은 어머니 산소 주위에 뿌려달라고 조카에게 부탁했던 터였다. 소유의 아파트와 얼마 되지 않은 현금을 대가로 약속했지만, 이제는 그도 소용없게 되었다는 친구는 사후 장기기증 후 텅 비어버린 몸은 의과대학 해부용으로 결론 내렸던 듯했다.

목으로 넘어가던 텁텁한 막걸리가 불고기와 섞이자, 속에서 도사리고 있던 반란군을 부추기고, 친구가 음료수 잔을 들어 내 술잔과 부딪치자 순식간에 목에 이물질이 걸린 듯했다. 머릿속 상상이 영상으로 완성되면서 도망치듯 화장실로 피해야 했다.

입을 헹구고 얼굴에 물을 묻혔다. 정수리가 무거워 머리를 숙여 물을 머리에 흘려보냈다. 볼을 타고 흐르는 물이 입술에 닿고 떨어진다. 힘없는 친구라고 무시했던 지난날이 아프도록 후회스럽다. 어쭙잖은 지식이 지혜나 용기에 비하면 얼마나 하찮은 것인지 알 것도 같았다. 가식 서린 만용에 가려 진실한 용기가 평가절하된 시간이 지나가고 있다.

이 세상을 혼자 살아간다는 것이 호락하지 않았다. 자유를 누리는 만큼 인간이 쳐놓은 발목지뢰가 많았다. 연락 없던 친구가 대뜸 천사의 얼굴로 다가오고, 다단계 표적이 되고, 가난한 여자 목표가 되고, 투기꾼의 도구가 되고, 벗을 빙자한 사기꾼의 대상이 되었다. 기승전결 돈으로 귀결되는 관계가 질린다며 세상 빛이 없는 곳으로 숨고 싶다는 말이다. 궁색하나 오로지 자유만을 추구하던 영혼에 툭툭 치고 다가오는 실타래와 같이 얽힌 관계망이 두렵다는 의미였다.

얼마가 될지 모를 시간이지만, 자신이 누렸던 고독에 자유를 더하고 싶다는 뜻이다. 그게 그렇게 힘든 일이냐고 되묻는다. 자기연민의 나약함을 위선으로 포장한, 메마른 나뭇잎 같은 인간에게 되물을 말이 아니었다. 오히려 그 상황에서 해맑게 툭툭 던지는 친구가 부러웠다.

그랬다. 결국 비운다는 의미였다. 분별과 망상이 끊어진, 의식의 뜻하는 바가 소멸된, 꿈도 정신도 놓아버린 망연(茫然)의 상태를 넘어 기어이 내가 사라지고, 세상이 사라지고, 우주가 사라진 무(無)와 타협했다. 남은 자의 몫이란 추억으로 걸친 사치일 뿐이다.

친구 눈빛이 마치 너는 어찌할 것이냐 되묻는 듯하다. 추억을 빙자해 하루를 버티며 미련하게 살아가는, 지배당하는 데 이골이 난, 구속된 삶이 행복이라 여겨왔던, 한 번도 생의 끝자락을 떠올려 본 일 없는 나는, 실로 가슴에 두려움이 성큼 들어앉는다. 그날부터 무책임하게 세상에 뿌려놓은 존재와 더불어 텅 빈 육신 하나가 어깨에 올라탔다.

앞에서 헤죽대며 바라보는 친구 얼굴에 내가 그려졌다. 친구로 인해 주검이라는 환각 체험을 하였다. 영원히 죽지 않을 것처럼 살았는데, 내일이 생의 끝인 것처럼 살라고 강요한다. 황혼의 노을을 타고 세상을 볼 때라는 뜻이다.

화분에 핀 빨간 꽃을 보며 아내가 중얼대듯 하던 말이다.
"나이 먹어서는 화초도 키워선 안 돼"

세상이 소멸한 후 남겨진 것들에 대한 애정 어린 자문자답이었다.

그리고 감정이입

엔니오 모리코네의 음악을 사랑하는 영화계 거장들의 말이다.

"신이 의심되면 엔니오를 들어라."

"그의 음악에는 시도 있고, 산문도 들었다."

"그의 음악은 태양계를 넘어 다른 은하계로 전달되는 느낌이다."

오랜만에 아내와 함께 영화관을 찾았다. 이른 아침 버스에서 내려 큰 우산을 함께 받쳐 쓰고 걸었다. 토요일이라는 심정적 행복의 마법이 발휘되고, 조조영화라는 이름이 주는 묘한 낭만과 멋이 장맛비와 함께 설렘을 안겨 주기에 충분했다. 후드득후드득 우산에 떨어지는 빗소리가 발걸음에 맞춰 음박을 탔다.

눈물이 많아졌다. 어두워서 거리낌 없이 흘릴 수 있다는 현실이 더 많은 눈물샘을 자극했나 보다. 때마침 오른쪽 가장자리 속눈썹이 눈동자를 건드리며 더 많은 눈물을 응원했다.

무턱대고 동요하는 설명될 수 없는 감동은 나이에 정비례하는 듯하다. 지난해 국립중앙박물관 '사유의 방' 이후 두 번째다.

《엔니오 : 더 마에스트로》 영화음악가 엔니오 모리코네 일대기를 그린 다큐멘터리다. 눈물샘이 이내 자극됐다. 화면에서 기립 박수가 쏟아질 때 함께 일어서 박수칠 뻔도 하였다. 《스타워즈》 시리즈 '한스 짐머' 정도만 알던 내가 이제야 엔니오를 만난 것은 무지를 넘어 공감각적 빈곤 때문이었다. 한 편의 영화에서 그동안 가슴 한구석 숨죽이고 있던 자각에 마중물을 부은 것이리라.

눈은 새로운 것에 환호하고, 귀는 익숙한 것에 반응한다. 딱 그랬다. 화면에 눈이 떠지고 낯익은 음악에 귀가 열렸다. 알랭 들롱과 장 가뱅이 열연한 '시실리안'에서 열 살 나를 기꺼이 영화관에 데려가 주던 동네 형을 불러냈다. '황야의 무법자'가 휘파람을 불며 골목을 누비던 어린 시절 친구를 데려다 놓았고, '시네마천국'에서 은빛 머리칼 반짝이며 바라보던 아버지 시선을 느꼈다. 롤랑 조페 감독의 '미션'은 시간을 건너뛰며 '시티오브 조이'를 보며 세계여행을 꿈꾸던 내 청춘을 불러냈다.

일찍부터 엔니오 재능을 알아본 스승을 만난 것도 행운이었다. 내게도 한 분이 계신다. 고등학교 1학년 시절, 수학에 젬병인 터라 시험 답지에 해답 대신 장문의 글을 남겼다. 미술대학을 희망하는 나는 수학보다 실기에 더 매진해야 한다며, 저의 순수한 꿈을 매로 다스리지 말라고 부탁드렸다. 다음날 매를 각오하고 등교하였다. 그러나 기본 점수를 주며 네 놈은 미술대학보다 국문과에 가야 한다며 응원하던 담임 선생님, 이죽이죽 잇몸을 드러내며 웃던 모습이 그립다.

그의 음악에는 색이 담겼고, 리듬에 방정식이 숨었으며, 영상에 맞춘 운율에 당신만의 철학이 철저하게 깔렸음을 알았다. 속된 말로 딴따라라는 아웃사이드 고독 속에서 나만의 음악을 만들어 냈다. 총소리가 난무하는 서부극에 오케스트라를, 전통 클래식에 난데없이 들려오는 음 이탈과 소음이 어우러져 묘한 감동을 짜냈다. 반향의 힘, 둘을 넘어 셋이 주는 혼란함 속의 조화가 마치 삼위일체나 우주의 완성으로 연결하는 듯했다.

장르의 충돌과 부조화가 네가 처한 현실에 용기를 잃지 말라고 용기를 주는 듯하였다. 샘을 깊게 파려면 넓게 시작하란 말처럼, 그의 세계는 음악뿐만이 아니라 다양하고 깊이 있는 지식과 지성적 감성이 없다면 이룰 수 없는 경지다. "넌 그림과 글, 역사까지 이것저것 다 하려 하니 되는 것이 없어!"라던 선배 말이 떠올랐다. 그러나 다양한 지식에 목말라하는 내가 모처럼 마음에 들었다. 필사적인 발버둥치고는 제법 의젓하다는 의미로 위로한다. 결국 순수문학에서 벗어나 스토리텔링 작가란 명목으로 겉불을 쬐던 시절의 나를 응원했다.

이유 없이 흐르는 눈물은 없다. 미국 아카데미는 엔니오를 철저하게 외면했다. 아니, 후보에 여섯 번이나 올렸으면서도 선택하지 않았다는 것은 가혹했다. 그는 아카데미 수상의 딜레마에 빠질 법하였지만, 오히려 노구를 이끌고 세계로 시네마 콘서트 투어를 다닌다. 78세가 된 그에게 아카데미는 공로상을 안기며 선심을 썼다. 그리고 십여 년이 더 지나서 쿠엔틴 타란티노 감독《헤이트 풀8》으로 아카데미 선택을 받는다. 88세 노구에 떨리는 손으로 아카데미 트로피를 든 엔니오를 보자 눈물이 흘렀다. 아내가 힐끗거렸지만, 이때만큼은 게의 치 않았다.

나는 늘 미끄러짐에 익숙해지자고 되뇐다. 숱하게 공모전에 도전장을 내밀었지만, 빈번히 외면당하기 일쑤다. 좌절하기엔 오기가 반발한다. 낙방의 고배를 들고 쓰디쓴 잔을 들어 나의 미래를 위한 보약으로 갈무리한다. 그리고 돌아서서 스스로 꺾이지 않는 용기를 칭찬한다. 이내 컴퓨터를 켜고 써 놓은 글을 읽고 퇴고를 거듭한다. 뒤틀린 문장, 오묘하게 표현하려다 기름기 넘치는 문장, 가식에 넘치는 문장에 스스로 닭살이 돋는다. 분고지(焚稿識), 즉 가을 낙엽을 태우듯 내가 쓴 원고를 미련 없이 버린다.

영화에서 흥미로운 질문을 한다. 200년 후 세대는 마에스트로를 어떻게 기억할까? 늘 팬들의 예상을 뛰어넘는 쿠엔틴 타란티노 감독의 우스갯소리로 시작되었지만, 아무도 흘려듣지 않았다. 답은 우리가 예상하는 그 이상일지도 모른다. 한스 짐머가 감동을 섞어 "그의 음악은 우리 인생에서 사운드트랙"이라는 말처럼 엔니오는 나 같이 평범한 삶에도 단단하게 의미를 부여해 주었기 때문이다.

장장 2시간 30여 분이 그렇게 지나가고, 영화 스크린에 엔딩 크레디트까지 앉아 있기는 미증유의 일이다. 말 그대로 한 인간의 일대기 간증의 시간은 어둠을 남긴 채 그렇게 위로 올라갔다. 반대로 내 마음은 신의 간택을 받은 듯 환하게 변했다.

참 모처럼 만의 경험이다. 진정 영화계 거장의 표현처럼 영화음악이 두 발로 일어선 역사의 현장을 함께한 감동을 누렸다.

공모전 수상을 위해 낯설게 하기란 명목으로 뒤틀리거나 미끈거리는, 얼굴이 화끈거리는 문장을 쓴 후, 아무도 풀지 못한 수학 문제를 푼 것처럼 자찬하는 일은 도무지 못 할 짓이다. 둥글어서 미끄러질지언정 일그러진 마침표를 찍을 수 없지 않은가. 차라리 엔니오처럼 필연적인 운명에 즐겁게 당하고야 말 테다.

하늘의 별은 저마다의 아름다운 소리를 낸다고 한다. 나 또한 나만의 소리를 낼 수 있어야 할 터이다. 이제부터라도 말이다.

인연이란 게 참

우연히, 아주 우연히 지나가다 들렀다.

식당 할머니 왈!

“아따, 우에 알고 왔노?”

그러고 보니 식당 안이 휑하게 비었다. 잉잉거리며 칭얼대던 냉장고도, 매번 TV조선만 틀어놓는 이만한 대형 텔레비전도 없다.

“분위기 와이라요?” 했더니 오늘이 마지막 날이란다.

칠성시장에서 문구점과 옷 장사 20여 년, 남문시장에서 식당 30여 년, 그 삶이 이제 끝이라며 좋아한다.

그런데 왜 슬퍼 보일까?

연초에 김치 맛있다고 했더니 잘 익은 김치까지 공짜로 준 그 할머니다. 간혹 지나가다 인사하면 맥주 한 병 마시고 가라고 잡아끌어 공짜 술도 많이 마셨다. 네 마누라 가져다주라며 국산 참기름 한 병과 깻잎장아찌를 덤으로 얻어 챙기는 일도 있었다.

내가 특별히 잘한 것도 없다. 돌아서 생각해도 술에 취하면 앞에 앉아 깐족대며 할머니 약이나 올린 것뿐인데 말이다.

그것도 대화였을까? 하긴 말꼬리 잡기 게임이 시간 보내는 것 중 가장 어울릴 수도 있겠다.

마음이 쌍글해져 그냥 있을 수 없었다.
가까이 있는 띠동갑 먹보 동생 불러 마지막으로 할머니가 끓여주는 된장찌개 먹었다. 갈치구이와 달걀 프라이 네 개, 소주 두 병을 비우자 할머니가 하는 말.
"니는 폭탄주 안 마시나?"
그래서 또 마셨다.
할머니 마지막손님 권리(?)로 말이다.
마지막손님? 그래서 된장찌개를 세상에 더없이 짜게 만들었구나! 평생 잊을 수 없는 짠맛이었다. 아무래도 할머니 눈물까지 더해진 것 같다.

"할매 낼부터 뭐할라꼬?" 했다.
"문디! 놀지 뭐하기는……" 하는데 왜 그렇게 슬퍼 보이는지.

계산하려니 그냥 가란다. 지금까지 와준 것만 해도 고맙기 짝이 없는데 마지막 날까지 돈을 받는다는 것은 양심이 허락하지 않는다며 한사코 손사래다. 나도 버티기에 들어갔다. 그동안 이곳저곳 기웃대다 들어가면 환하게 맞아주며 이것저것 챙겨주던 지난날들이 떠올랐다.
베풀어 준 것만 해도 감사한데 마지막 날 공짜로 먹으면 재수 없다고 억지 부리며 오만 원권 한 장 주머니에 쑤셔 넣었다. 할머니도 지지 않았다.

“문디, 끝까지 똥고집이네” 하며 재차 끄집어내 손에 꼭 쥐여 준다. 더는 거부할 수 없었다.

나오기 전 안아보았다. 꼭 안기는 몸이 우리 큰 누님 같다. 콧등이 시큰해 돌아보지 않고 나왔다. 뒤에서 이런다.

“몸 챙기라! 아프믄 니 손해다이!!! 술 고마 처먹고.”

허리가 기억자로 굽어서 고개만 들고 말하는 거 다 안다. 속으로 그랬다.

‘내 걱정 말고 할매나 건강하소.’

시장 과일가게를 지나는데 하우스밀감이 눈에 띈다. 한 상자 덜렁 사서 재차 가게를 찾았다. 휑하게 빈 가게 가운데 의자에 앉아 있다. 그런데 눈이 초점 잃은 흐릿한 표정이다. 자세히 보니 눈가가 그렁그렁 하다. 내가 나간 뒤 회한의 감정이 할머니 가슴을 기습했던 것 같다. 살아온 나날들이 미련도 후회도 없지만, 자식과 남편 뒷바라지에 속절없이 세월을 보낸 과거가 빛바랜 파노라마처럼 스치지 않았을까.

“뭐 하러 또 왔노?” 하며 얼굴을 돌려 눈가를 훔친다.

아무 말도 할 수 없어 들고 간 밀감 상자만 의자에 내려놓고 돌아섰다. 뒤에서 말소리가 들린다.

“저 문디는 왜 자꾸 왔다 갔다 하노. 이거 뭐고?”

“할매 선물!”
“지랄! 지나 처먹지.”
욕도 참 마지막까지 차지게 한다.

초자연적인 인연의 끈, 쓰린 세상이라고 해도, 우연과 인연은 어찌게든 씨실과 날실처럼 엮이게 마련이다. 한 곳에 인연이 끝나면 또 다른 어디에선가 운명처럼 인연의 실을 잣고 있는지 모른다. 그렇게 우연을 빙자한 필연이 세상의 박동을 건강하게 하고, 따뜻하게 하는 까닭이리라.
황혼에 물든 나뭇가지가 아름다운 이유도, 인생이란 그렇게 가고 또 오고 가고 하는 것도, 그리 슬플 일도 기쁠 일도 없는 무덤덤한 삶이 행복인 줄 할머니가 알려 주었다.

집에 돌아와도 짠맛이 해갈되지 않는다. 맥주 캔을 하나 딴다. 생각건대 내 인생은 늘 도돌이표다. 이렇게 또 한 삶이 만들어지는 것인가 보다.

남자의 행복

내가 가장 고왔을 때

한글의 매력에 빠져 죽을 때까지 윤동주와 한국을 사랑한 시인 이바라기 노리코. 시인 윤동주를 사랑한 여인, 나 또한 그녀를 사랑하기로 하였다.

내가 가장 고왔을 때 전쟁으로 사람들이 죽었다.
거리는 파괴되고 쓰레기로 뒤덮였다.
나는 멋쟁이가 될 기회를 잃어버렸다

일본 여류시인 이바라기 노리코, 그녀의 작품 중 '내가 가장 고왔을 때'라는 시다. 피해자 의식에 함몰된 한탄이 아니라, 패전의 무기력함에서 군국주의 멍에를 벗어나 홀로 서려는 빛나는 여성의 어휘가 담겼다. 세월이 한참 지난 후에도 그녀는 변함없었다. 1975년 10월 31일 쇼와 천황이 전쟁 책임에 대한 기자 질문에 이렇게 대답했다.
"언어의 기교에 대해서…, 문학 방면에 관해서는 제대로 연구한 바가 없어서 대답하기 어렵습니다"
수많은 사람을 죽음으로 몰아넣은 전쟁 최고 책임자, 제국의 절대적 제왕이 웃기게도 '언어의 기교' 운운하며 구렁이 담 넘듯 얼버무렸다. 놀랍게도 일본 지식인들, 언론까지도 일사불란하게 이 말에 대해 아무도 문제 삼지 않았다. 대단한 민족성이다. 그런데 여류시인 이바라기 노리코는 달랐다.

"전쟁책임에 관해 묻자/ 그 사람은 말했다/ 그런 언어의 기교에 대해/ 문학적 방면은 별로 연구하지 않아서/ 대답하기 어렵습니다/ 나도 모르게 웃음이 터져 나와/ 거무칙칙한 웃음 피를 토하듯/ 뻗쳐올랐다가, 멈추고, 다시 뻗쳐오른다"('사해파정四海波静'에서)

이바라기 노리코, 패전 일본에서 아무도 말 못 하던 때 당당하게 천황을 비웃으며 울분을 토한 여자였다. 무엇보다 이미 세상을 떠난 윤동주를 그리워한 여인…. 당시 한국인보다 더 한글을 사랑했던 시인, 한글을 일러 시치미 딱 떼고 엉뚱한 소리를 해대는 속담의 보고이며, 해학의 숲이라고 하였다. 늦게 한글을 사랑한 일, 윤동주가 살아 있을 때 알지 못했던 것을 후회했던 시인이다.

편견에 사로잡힌 필자가 일본인이라서 애써 외면했던 시, 결국 이 글을 쓰면서 그에게 다가가기로 했다. 《이바라기 노리꼬 시집》두 권을 샀다. 절판된 시집 한 권은 중고 서점을 통해 구입했다. 밤새워 눈을 비벼가며 읽고 또 따라 쓰면서 웃다가 고개를 끄덕이다 문득 그가 그리워졌다. 궁금증이 과하면 그리운 법, 짧아서 처삼촌 벌초한 듯한 머리에 맑은 눈동자가 이처럼 어울릴 수도 있다는…, 단아한 감성을 숨긴 듯 반듯한 입술과 콧매가 흡입력이 있다. 그러나 흑백사진에서 어딘지 모를 슬픈 고집이 보인다.

한글과의 만남은 1956년 쉰 살 때 남편과 사별한 후 이바라기 노리코는 자기 치유의 한 방법으로 한국어 공부를 시작하였다. "한국어에 대한 관심은 사실 열다섯 시절부터 있었다"고 고백한 그녀는 김소운(수필가) 씨가 이와나미문고에서 펴낸『조선민요선』을 읽은 후 그 속에 실린 한국어 단어들의 소박함과 기지에 끌렸다는 것이다.

한글 공부는 10년 동안 계속 이어졌다. 그녀가 배운 한글은 '한국인들이 쓰는 언어' 이상이었다. 한글은 "마치 뜨개질 기호 같은 문자"였고 "그 울림이 낭랑하고 아름다운 언어"였다고 찬하였다. '바람둥이' '치맛바람' '땅꾼' 같은 기발한 명사에 놀라는 한편, '과부 사정은 과부가 안다' '구관이 명관이다' '밤새도록 울다가 누가 죽었느냐고 묻는다'는 식의 한국 속담의 표현력에도 감탄하였다.《한국어로의 여행》《이웃나라 말의 숲》등 한글로 된 책을 쓸 만큼 한국어를 사랑한 그녀다. 한국어를 공부하면서 쓴 시를 소개한다.

어딘가 멀리서 /재잘거리며 떠드는 소리 /노래 /시치미 딱 떼고 /엉뚱한 소리를 해댄다 /속담의 보고이며 /해학의 숲이기도 하고 /대사전을 베개 삼아 선잠을 청하면 /"자네 들어오는 것이 너무 늦었어"라고 /윤동주가 다정하게 나무란다 /정말 늦었다 /하지만 어떤 일이든 /너무 늦었다고 생각지 않기로 했지요 /젊은 시인 윤동주 /1945년 2월 후쿠오카 형무소에서 옥사 /그것이 당신에겐 광복절 /우리에게 항복절인 /8월 15일을 거슬러 올라가면 겨우 반년 전이었을 줄이야 /아직 교복을 입은 채 /순결만을 동경하는 듯한 당신의 눈동자가 눈부시게 빛난다.

– 하늘을 우러러 한 점 부끄럼이 없기를 –

〈하늘과 별과 바람과 시〉를 읽고 그녀의 노력으로 윤동주의 시가 일본 현대문국정교과서에 무려 11쪽이나 실리게 한 시인이다. 그리고 윤동주 의문의 주검을 파헤치려 애쓴 사람이었다. 시인은 윤동주의 죽음이 일본 검찰의 손에 살해당한 것이나 다름없다며, 그 통한의 감정을 갖추지 않고서는 윤동주 시인을 만날 수 없다고 하였다.

일본의 한국 식민지 통치의 상흔을 묘사한 시도 있다.

한국의 노인은 /지금도 변소에 갈 때 /조용히 허리를 일으키며 /"총독부에 다녀올게"라고 말하는 사람이 있다는데 /조선총독부에서 호출장이 오면 /가지 않고는 못 배겼던 시대 /어쩔 수 없는 사정 /그것을 배설에 빗댄 해학과 신랄함 /서울에서 버스를 탔을 때 /시골에서 상경한 듯한 할아버지가 앉아있었다 /한복을 입고 /까만 모자를 쓰고 /소년이 그대로 할아버지가 된 것 같은 /순수함 그 자체의 인상이었다 /일본인 여러 명이 선 채로 일본어를 조금 지껄였을 때 /노인의 얼굴에 두려움과 혐오의 표정 /휙 달려가는 것을 봤다 /천만 마디의 말을 쓰는 것보다 강렬하게 일본이 해온 짓을 /거기에서 봤다.

–이바라기 노리코 총독부에 다녀오다 전문–

죽음을 목전에 앞두고 그녀답게 스스로 부고를 써서 준비해 두었다.

–"그 사람이 떠났구나" 하고 한순간, 단지 한순간 생각해 주셨으면 그것만으로 충분합니다. 오랫동안 당신께서 베풀어 주신 따뜻한 교제는, 보이지 않는 보석처럼, 나의 가슴속을 채워서, 광망을 발하고, 내 인생을 얼마만큼 풍부하게 해주신 건가…. 깊은 감사를 바치면서, 이별의 인사말을 드립니다. 고마웠습니다. 2006년 3월 길일. –

무릇 인생은 이렇게 살아야 한다. 인생의 끝 역시 이처럼 정직해야 한다. 세상에 자신의 흔적을 은빛 그리움으로 코팅하고 떠난 시인, 그녀가 죽음을 대하는 자세가 부럽다. 그야말로 스스로 주인 되는 삶을 살았던 내면의 풍경이다.

한국인이라면 시인 윤동주와 이상화, 이육사를 모르는 이가 있을까. 그러나 이들 민족시인 보다 우리에게 더 친근한(?)

시인이 있다. 친일시를 당당하게 써서 일본 천황에게 바쳤던 시인 서정주가 이들보다 훨씬, 천 배나 편하게 살았으며, 만 배쯤 행복한 삶을 살다가 85세에 죽었다. 더구나 생전에는 부와 명성까지 누리며 그가 길러낸 제자들만도 우리 문학계에 널리 퍼져 그의 영광에 빛을 더하고 있다. 혓바닥이 장구채 놀 듯 현란한 것처럼, 문장으로 감탄을 이끌어낸 뛰어난 시인….

그는 생전에 친일행각을 단 한 번도 사죄나 반성한다는 말을 입 밖으로 낸 적이 없다. 더구나 군사독재시절 '전두환 헌시'까지 써서 헌납했다. "내가 광대냐?"며 당당하게 거절하던 동생 서정태 선생이 더 그리운 까닭이다.

시선(詩仙)의 머릿속에 티끌만큼이라도 갈등이 있었더라면 참 좋겠다. 스스로 실수나 실패를 자인하는 이를 '결백한 실패자(Good Loser)'라고 한다. 실패나 실수를 찬하는 게 아니다. 실수를 숨기거나 타인에게 떠넘기는 모습보다, 문제를 찾아내고 다시는 되풀이되지 않도록 하는 것 또한 용기요 지혜라는 뜻이다. 인생은 늙어가는 것이 아니라 익어가고, 숙성해 지는 것이라는 문장을 곱씹으며 누군가 역사를 향해 질타하는 소리를 듣고 싶다. 걸쭉한 핏덩이를 가득 문 반성의 울음소리를 듣고 싶어서다.

뒤늦게 역사를 공부하면서 인류는 폭력과 살육의 연속이었단 사실을 확연하게 깨달았다. 무지한 인간이 신념을 지니면 더욱 무서운 법, 만약에 신이 있다면 인간이 얼마나 광폭한지, 얼마만큼 폭력적이고 악해질 수 있는지, 자기 이익에 얼마나 이기적일 수 있는지를 실험 중일 것이다.

글이란, 수필이란 고고한 학이나 단아한 난초만이 아니라 현실 세계를 외면하면서 존재할 수 없다. 상시분속(傷時憤俗), 즉 "시대를 상심하고, 시속을 안타까워하지 않는 시는 시가 아니다. 임금을 사랑하고 나라를 근심하지 않으면 시가 아니요, 시대를 슬퍼하고 세속을 개탄하지 않으면 시가 아니며, 높은 덕을 찬미하고 나쁜 행실을 풍자하여 선을 권하고 악을 징계한 것이 아니면 시가 아니다"고 하였던 다산 선생의 말을 떠올린다.

참조 : 이바라기 노리코 · 시집(스타북스)
한글로의 여행.(박선영역 뜨인돌출판사)

이유가 뭘까?

지난 8월 16일(수)이 음력 7월 초하루였다. 빈둥거리며 하릴 없이 켜둔 텔레비전에서 팔공산 북지장사 가는 길, '시인의 길'이 방영되고 있다. 시심(詩心) 가득한 한 개인에 의해 천상병 '귀천'을 비롯해 정호승, 박노해 등 우리나라 유명 시인들의 육필 시가 자연석에 음각되어 있다. 북지장사를 자주 다니던 터라 필자도 참 좋아하는 길이다. 봄이면 진달래, 개나리, 벚꽃 만발하고, 우리네 부지런한 어머니 손길을 받은 텃밭에 푸릇푸릇 푸성귀가 돋았다. 가을이면 형형색색의 단풍이 물들어 길손을 들뜨게 한다.

길도 그립고, 소나무 숲길도, 절집 전각도, 삼층석탑도, 자주 뵙지 못했던 얇게 웃는 듯 마는 듯 묘한 표정의 불상도 그리웠다. 주섬주섬 괴나리봇짐 챙기고, 가던 길에 김밥 한 줄 샀다. 버스로 한 시간 이상을 달려 팔공산 방짜유기박물관에서 내렸다. 곧바로 아침에 텔레비전에 나오던 시인의 길이 반겼다. 시를 음미하며 걷는다. 목적지 북지장사까지 4km 남짓 거리다. 정오가 넘었다. 봇짐에서 김밥을 꺼내 우물우물 씹어가며 그늘을 찾아 걸었다.

거부할 수 없는 세월을 즐기며 느릿느릿 걸었다. 계곡을 따라 아래로 흐르는 물소리, 새소리, 소나무 사이로 부는 바람이 귓불을 간질이고, 한가로운 발길에 오만가지 번뇌가 씻어가는 느낌이다.

그때였다. 물극필반(物極必反)이라고 했던가? 예상치 못했던 복병을 만났다. 산길 더 깊숙이 들자 산모기, 즉 각다귀 떼의 공격이 시작되었다. 아뿔싸! 젊은 시절을 추억하며 샀던 내 진한 스킨 향기가 놈들을 흥분시킨 것이다. 성가신 무리를 쫓느라 땀을 씻을 여유조차 없다. 눈을 향해 달려든다. 귓전을 맴돌며 앵앵거린다. 결국 귓불을 물고 뜯는다.

저 멀리 버선코처럼 살짝 들린 팔작지붕이 반갑다. 부처님 자비인가, 절집 마당에 들어서자 각다귀는 흔적조차 없이 사라졌다. 봇짐을 내려놓고 콸콸 쏟아지는 물로 얼굴을 헹궜다. 얼굴이 말끔해지는 듯하다. 더불어 산사에서 부는 바람이 가슴을 스치고 하늘을 향한 나란히 선 두 삼층석탑으로 떠민다. 매번 보는 석탑이지만, 볼 때마다 느낌이 다르다. 계절에 맞춰, 시간에 따라 양감과 질감을 달리하고, 하늘의 표정에 시시때때 나를 보는 석탑의 시선이 무겁고 가볍고 맑다.

대웅전에 들었다. 현판은 '대웅전'이라면서 아미타불을 주존불로 관세음보살과 대세지보살을 협시불로 아미타삼존불을 모셨다. 그렇다면 전각 현판을 무량수전이나, 극락전, 아니면 아미타전으로 바꿔 달아야 맞지만, 절집 사정은 주지승만이 알겠지 했다.

일백팔 배를 시작했다. 최근 몇 해 전에 고장 난 허리가 재발해 애를 먹는 중이라 부처님을 향한 절이 쉽지 않다. 열 번을 절한 후 한참을 쉬어가길 반복하였다. 70배쯤 하고 있을 때다. 최근에는 기립성저혈압까지 찾아와 쉬려고 일어설 때마다 눈앞이 뱅뱅 도는 느낌이었다. 바닥에 엎드려 고개를 숙이고 쉬는 것을 택했다. 이때 누군가 내 앞에 작은 종이가방 하나를 떨어트리다시피 놓고 간다. 고개를 드니 나이가 진득하게 드신 보살님이다. 종이가방 속에 투명 비닐이 있고, 그 속에는 떡과 과일이 가득 들어 있다. 이렇게 고마울 때가 있구나! 어찌 알았을까? 오늘 하루 김밥 한 줄로 견뎠다는 것을 말이다. 참 귀신같은 보살님이다.

대웅전에서 나와 지장전에 들러 석조 지장보살 친견하며 고생만 하시다 돌아가신 울 어머니 아버지 잘 부탁드린다며 인사드렸다. 뒤로 난 오솔길을 지나 산신각에 올라 여행길, 밤길 무사 안위를 빌고 내려오는 길, 다리가 아픈 것은 고사하고, 이놈 각다귀들이 기다렸다는 듯 재차 달려든다. 봇짐에 때를 기다리는 시원한 캔맥주가 떠올랐다. 식기 전에 마셔야 한다. 그리고 보살님이 주신 떡이랑 과일도 생각났다.

소나무 그늘로 들어갔다. 그러나 이곳도 각다귀 떼 극성이

별반 다르지 않았다. 바위에 앉을 수 없어 선 채 맥주 캔을 따고, 백설기를 맛보았다. 한 손으로는 젖은 손수건을 휘둘러 놈들 물리치는 여념 없었다. 얼추 갈증과 허기는 메웠다. 남은 떡과 과일은 재차 봇짐에 쟁여 넣었다.

시내버스를 탔다. 서 있는 사람이 많았다. 틈을 비집고 뒤로 가니 딱 한 자리가 남아 마치 기다리고 있었다는 듯했다. 날 위해 남겨둔 것이리라 생각하고 앉아서 편하게 왔다. 버스를 갈아타기 위해 중간에 내렸다. 기다리는 버스가 6분 남았다. 어떤 할머니가 무료하게 서 있는 나를 자꾸만 본다. 이어폰을 귀에 꽂고 노래를 들었다. 할머니가 내게 뭐라고 말하는 듯하다. 한쪽 이어폰을 빼고 귀를 기울였다. 웃는 표정으로 이렇게 말했다. 분명!

"잘 생겼어!"

그냥 웃고 말았다. 그렇지만 속으로는 '나이 들어도 보는 눈은 있군!' 했다. 아마 선글라스에 흰 머리가 어울렸나보다. 마스크를 벗지 않길 잘했다. 그런데 이번에는 손가락으로 시장 안쪽 회색 포장을 가리키며 또 이런다.

"저기 내일 행사한다네."

"예!"라고 대답했지만, 나는 궁금하지도, 저게 뭐냐고 절대로 물은 적이 없다. 사람들은 내가 편하게 생겨서 아무나 쉬이 말을 건다고 생각했다. 주위 사람들 시선이 일제히 나를 향했다. 내가 뭐라고! 이처럼 어색한 시공이라니….

버스에서 내려 집으로 오는 길에 공원을 가로질러야 한다.

나무 의자에 앉은 어떤 아주머니가 나를 빤히 올려보며 이런다.

"빨리 다녀요."

또 이건 뭐지? 나를 아는 사람인가? 평소 늦게 다닌 것은 또 어찌 알고? 그냥 지나칠 수 없었다.

"절 아세요?" 했다.

그러나 돌아오는 대답은 같았다.

"빨리빨리 다녀요"

'빨리'가 하나 더 늘었다. 그리고 하늘에 시선을 준다. 아무리 봐도 생각이 온전한 분이 아닌 듯하다. 발길을 돌렸지만, 찜찜함은 쉬이 가시지 않는다.

주말이면 자전거를 탄다. 지난 토요일 오전, 자전거로 신천을 가로지르는 다리 밑은 모조리 '신천지'가 장악하고 있는 대구 신천, 즉 수성교－상동교(턴)－칠성교－침산교(이곳은 신천과 금호강이 합류하는 합수머리다)－산격대교－금호대교－동촌유원지를 지나 금호강 자전거 길을 달린다. 안심습지에서 돌아오거나, 간혹 경산 하양까지 갈 때도 있으며, 때론 침산교에서 곧바로 직진해 고령 강정보까지 다녀올 때도 있다. 간혹 컨디션에 맞춰 지하철에 자전거를 싣고 올 때도 있지만, 되도록 자전거를 이용하기 위해 애쓴다.

하루 60~70km, 다음날 일요일까지 연거푸 타게 되면 120km를 훌쩍 넘는다. 자전거 전문 동호인들이 듣게 되면 가소롭다 하겠지만, 바퀴 40인치도 안 되는 말 그대로 여성 장보기용 자전거로 밟아대니 누구의 표현처럼 자전거가 불쌍하다는 말이 맞다.

달리는 길에 지렁이나 개미라도 밟을까 요리조리 피하다 보니 낯선 여인에게 비틀대지 말고 한쪽 길로 가라며 앙칼진 목소리의 잔소리를 듣기도 한다. 물론 그런 여인에겐 보디가드를 자처하듯 흐뭇한 표정으로 뒤를 따르는 남자가 반드시 있다. 서로 사랑과 믿음으로 결속된 관계라고 생각한다.

안심습지에서 금호강 난간 없는 다리를 가로질러 반대편으로 돌아오는 길이었다. 동촌유원지에 도착해 단골로 쉬어가는 포장마차에 들어가는 순간 소낙비가 쏟아지기 시작했다. 주인아주머니가 "기막히게 맞춰 들어왔네요!"하며 반긴다. 비가 그칠 때까지 쉬면서 라면에 막걸리 한 잔을 얻어먹었다. 신용카드뿐이라 입금해드린다니 라면 하나 못 드릴까. 하며 그냥 가란다. 비가 그치고 하늘이 개였다. 돌아서자 등에서 주인아주머니의 온기 넘치는 시선이 코팅되듯 밀착되어 옴을 느꼈다.

자전거 페달을 밟는 다리에도 힘이 실린다. 얼마를 달렸을까. 주위가 어두워지기 시작했다. 하늘은 빠르게 먹구름이 뭉치고 있었다. 재차 소나기가 쏟아질 태세다. 더 힘껏 달렸다. 그렇게 30여 분, 산격대교 아래 자전거를 세우는 순간

장대비가 쏟아졌다. 일촉즉발의 순간이었다. 나무의자에 앉아 가쁜 숨을 골라야 했다. 이때 내 옆에 누가 앉는다. 관심 없다.

"아저씨는 운이 좋네요!"

검게 머리를 염색을 한 할머니다. 그냥 웃음으로 대신했다. 그런데 자꾸만 말을 건다. 비는 더욱 세차게 내렸다. 말장단 맞춰드리는 것도 공양이다 싶어 몇 마디 대꾸했다. 그런데 이런저런 이야기가 끝나지 않는다.

할머니는 남편과 결혼하고 나서 중절 수술을 다섯 번이나 했다며 듣기 거북한 소리도 거침없다. 연세가 84세라고 한다. 운동 삼아 산책 중인데 비가 그치지 않으면 남편 부르면 금방 쫓아온다며 태평이다.

할머니 말이 끝나자 거짓말처럼 비가 그쳤다. 만남은 헤어짐을 전제로 한다. 인사를 정중하게 드렸다. 건강히 지내시라고 덧붙였다. 할머니가 마음 편하게 먹고 행복하게 잘 살라고 복된 인사를 건넨다. 신기의 시선이다. 내 얼굴에 노심초사 복잡한 심사가 남아 있었나 보다.

쉬이 말을 건다는 것은 그만큼 편하게 생겨 먹어서 그럴까? 인상, 아니 관상은 과학이라고 누가 그러더라. 나는 절대 온화한 얼굴이 아니다. 몇 해 전까지도 가만히 있으면 화났냐고 묻고, 웃으면 비웃냐고 하고, 걷다가 눈길만 마주쳐도 상대방은 나를 아래위로 훑는 일은 예사였다. 아내로부터 책을 읽으며 인상을 그리 쓰냐는 소리도 들었다.

내 얼굴을 내가 책임질 나이가 된 것이다. 잘 늙은 얼굴은 한 폭의 풍경이라는데 나는 수묵화일까, 수채화일까, 아니면 덕지덕지 기름 물감 떡칠한 추상화일까? 그도 아니면 뭉크의 절규일까? 가난한 글쟁이가 표정이라도 맑아야 하지 않을까 주문하는데, 요즘 며칠 겪은 일들을 생각하며 그따위 걱정이 줄었다.

일요일, 신천에서 운동화와 양말을 벗고 맨발로 걷는데 어떤 할머니가 걱정스러운 눈길로 "조심해요!" 한다. 정말 편하게 생겼나 보다!

북지장사와 관련된 답사기는 4막 '북지장사 봄길'편에 자세하게 풀어 놓았다.

삼류작가 분투기

젊은 시절 광고 밥을 먹을 때다. 지방이지만 제법 그럴싸한 기업체 광고디자인 부서에 근무할 때였으니 그나마 이름 석 자 정도는 알려졌던 시절이다. 전국 광고 공모전에 연거푸 입상할 만큼 실력이 되었고, 경쟁업체와 아이디어를 다투던 때라 잠시도 한눈팔 겨를이 없어 늘 새로운 것에 목말라하던 시절이었다.

그러면서 자연스럽게 학교 동기들이나 어린 시절 친구들과 어울리며 밤이 깊도록 술잔을 기울이곤 하였다. 어느 날 술자리에서 친구 하나가 불쑥 자신이 운영하는 회사 심벌과 로고를 만들어 달라고 하였다. 고맙다면서 얼마 주겠냐고 되물었다. 친구는 이내 실망한 표정이 되어 대충 만들면 되지 친구 사이에 돈을 달라 한다고 화를 냈다. 웃음이 나왔다. 당시에 동석했던 친구 중 식당을 운영하거나 부인이 옷 가게를 하는 친구도 있었다. 나는 친구 식당에 가서 공짜로 밥 달라 한 적 없고, 옷 가게서 남편 친구라고 옷 공짜로 입고 나오지 않는다.

잘 돌지 않는 머리에 경험, 그리고 연필 한 자루가 자산이다. 물리적이며 물질적인 투자가 아닌, 마치 그냥 얻어지는 것처럼 생각하는 친구를 이해시키기엔 역부족임을 실감하였다. 그래서 10만 원부터 1억 원까지 아주 다양하게 만들어 줄 수 있다고 말해주었다. 네가 술값 계산하라며, 즉석에서 호가 10만 원 하는 로고라며 곧바로 스케치해 건넸다. 그걸 받아 든 채 웃지도 화내지도, 어이없어하는 친구 표정이 지금까지 잊히지 않는다.

어제 아침, 늦잠 잔 뒤에 일어나니 실업자에게 무려 세 통의 부재중 전화가 들어 있다. 각각 다른 인물들이라 혹시 싶었다. 그래봐야 무더운 날씨에 쥐꼬리만 한 원고료 제시하면서 선심 쓰는 양하겠지만, 그래도 노느니 싶어 전화했다. 상대편에서 아주 반갑게 전화를 받는다. 그러나 이내 실망했다. 그마저도 아니었던 것이다. 두 번째 사람에게 전화를 걸었다. 이 역시 일과는 거리가 먼, 아니올시다. 마지막 세 번째 이번만은 기대하며 걸었다. 무척 반갑게 받는다. 그러자 쌍글한 기운이 등줄기를 훑는다.

초대장, 인사말, 기획서 초안, 동영상 시나리오를 비롯해 홈페이지 대문 초안 손봐달라는 부탁 전화다. 물론 언제 밥 한번 먹자, 술 한 잔 하자, 놀러 오면 잘 대접하겠다. 등등 물질적인 대가 없는 현실감 없는 공허한 소리뿐이다. 이는 곧 수고비 따위는 언감생심 생각지 말라는 뜻으로 해석해야 한다. 딱 잘라 거절할 수 없는 내 여린 열정이 문제를 일으켰다.

"일단 초안 보내보세요."

메일로 받았다. 그러나 초안이라 할 것도 없다. 초등학교 아이들 과제물 모임에서도 이따위 결과물은 제출하지 않는다. 무슨 말인지 당최 알 수 없는, 한글이 이렇게 어렵다는 것을 실감하게 만든다. 순서나 방향 역시 엉망진창이다.

이 말은 곧 기획 단계부터 손수 새롭게 작업해야 한다는 뜻이다. 이뿐만이 아니다. 시간적인 여유도 없는 말 그대로 화급을 다투는 일들이었다. 나는 전화를 걸어 급행료는 세 곱절로 받는다고 말해주었다. 저 너머 잠시의 침묵…. 그 속에는 글 좀 쓴다고 빼기냐? 잠시 긁적이면 되는 걸 너무하는군! 돈만 밝히는 놈! 등등이 담겼음을 안다.

그렇다고 대충 써서 넘겼다간 그래서 네놈은 싸구려 삼류작가를 벗어나지 못한다고 욕을 바가지로 먹는다. 이 정도는 다행이라고 해야 하나? 심지어 도시 브랜드 네이밍도 공짜로 해달라는 사람도 있다. 해가 바뀌면 회사나 지방정부 새해 사자성어나, 망년회 때 건배사까지 주문받을 때 그야말로 욕이 저절로 터진다.

그나마 날 기억하고 내 이름을 찾아주는 분(?)들이 있어 다행이라고 생각하면서 더위를 참고 머리를 싸맨다. 그리고 일정에 맞춰 넘겨드렸다. 물론 재능기부라고 생각하였다.

며칠 후 세 분께서 순서대로 전화가 왔다. 보낸 원고 이렇게 저렇게 해 달라고 재차 수정 요구다. 심지어 사진 자료까지 당당하게 요구하는 이처럼 싸가지 없는 인간들을 어쩜 좋을까? 결국 내 폴에 지쳐 컴퓨터 책상에 머리를 박았다. 그리고 천장에 대고 욕지거리 날리려다 참았다.

세상을 살아가는 데 꼭 필요한 덕목 두 가지가 있다.

하나는 싸가지요, 하나는 야마리다! 이 둘 중 하나만 있어도 욕은 먹지 않는다.

냄비에 라면 물이나 올리자.

본능을 기억하다

오전에 옆집이 이사 나갔다. 창문을 열어놓은 터라 아주 시끄러웠다. 그러다 어느 순간부터 조용해졌다. 고양이 하품 소리마저 들릴 듯 조용…. 아파트 전체가 낮잠에 들었다. 하릴없이 컴퓨터 앞에 앉아 한글 펼치고 읽기를 반복했다. 얼마가 지났을까. 갑자기 "쿵!" 하고 제법 큰 소리가 났다. 속으로 그랬다. 이사 나갔으니, 들어오는 중인가? 그래도 이 소리는 너무 큰데? 라고 하면서도 눈은 컴퓨터 모니터에 두고 있었다.

얼마 후 밖이 시끌시끌하더니 앰뷸런스 소리가 요란했다. 본능적으로 밖을 내려다봤다. 119 구조대부터 다수의 경찰이 모여 있다. 정복, 사복, 과학수사…. 아파트 창문 아래는 마치 수사본부를 차린 듯했다. 창 아래에 폴리스라인을 치고 있다. 누군가 우리 동 아래서부터 위로 올라가며 손가락질했다. '하나둘셋넷다섯여섯일곱여덟아홉열'을 꼽았다. 현관문이 잠겨 있다는 소리가 들렸다. 누군가 내 옆을 스치며 떨어진 것이다. 창문을 열어 바람을 들이고 있었는데 몰랐다.

사람이 떨어져 죽었다. 그때까지만 해도 무덤덤했다. 잠시 뒤 중년 여인이 오더니 대성통곡한다.

"우리 아버지 불쌍해서 어떡해!"

순간 내 눈에도 물이 고인다. 고인의 명복을 빈다. 실수이든 선택이든 불쌍해서 어떡하나. 나중에 알고 보니 며칠 전까지만 해도 엘리베이터에서 만나면 인사 나누던 사이었다. 나는 종교의 유무와 상관없이 버릇처럼 주문을 외웠다.

'지장보살, 지장보살, 지장보살!!!'

한 시간 가량 지났다. 사람이 생명을 다한 곳이지만 흔적 없다. 이이들 새된 목소리가 놀이터를 울린다. 젊은 엄마 아빠 목소리까지 섞여 행복과 사랑을 노래한다. 화단 앞 둥근 탁자에 젊은 아낙들이 커피를 즐기며 수다를 떤다. 아이들 맑은소리가 귀를 파고든다.

스스로 삶을 마감한다는 것은 다른 생명에서 볼 수 없는 인간 고유의 특징이자 선택이다. 어쩌면 가장 인간다운 행위일 수도 있다. 그러나 분명한 것은 본능을 거역한 행위는 고귀하게 취급받아 마땅하나 심신이 지치고 해쳐나갈 통로가 없어 선택한 것이라면 문제가 다르다. 정신은 물론 육체적, 경제적 등 당사자의 고통을 감히 재단할 수 없지만, 방법이 그뿐이었을까. 이해가 되는 듯하고, 안 되기도 한다. 얼마나 힘들었을까. 그분 얼굴이 자꾸 잔상처럼 눈앞에 아른댄다.

한편으로 저 너머의 이상, 천당이나 극락이 존재하느냐 라는 문제다. 본 적도 만져본 일도 없는 천당이라는 추상적 가치에 인생을 저당 잡혔다면 가련한 인생이지만, 그의 마지막 선택은 그렇지 않은 듯하다. 괴테가 쓴 '파우스트' 지옥편에 자살한 자는 더욱 혹독하게 다루고 있다. 그럼에도 불구하고 극락이나 천국에 갔으면 좋겠다.

힘겨운 삶일수록 메사 쉬지 않고 가슴 속을 들어다보고, 확인하고, 상처받고, 바닥에 깔린 부유물을 휘저어 스스로 고뇌에 빠지며, 그러다 어떨 땐 감동하지만, 끝내는 지쳐버리기 일쑤다. 불면의 밤을 보내다 탈탈 털린 영혼은 당장 죽을 용기조차 없어 서서히 자살을 선택하곤 한다. 차라리 농담처럼 사는 인생보다 못하다.

농담처럼 여전히 바람이 분다. 여전히 파란 나뭇잎이 산들거린다. 아이들은 두 옥타브 높은 소리로 여전히 신이 났다. 세상 살아 있는 생명체들을 향해 울린다. 여전히….

나는 여전히 사색에 빠진다.

비 오는 날의 술취화

-동촌 유원지 오리배가 품은 남자들-

몇 년 전부터 주말이면 자전거를 탄다. 지난 토요일 금호강이 흐르는 동촌을 지나다가 잊혔던 추억 한 토막이 생각나 옛글을 찾아보았다. 지금 다시 읽어도 참 어지간했던 시절, 그럼에도 불구하고 다시 돌아갈 수만 있다면 그 어떤 대가도 아끼지 않을 법한 젊음이 부럽다.

대략 30여 년이 되어가는 사연이다.

하늘이 흐렸다. 오락가락하던 빗줄기가 점점 굵어지다 가늘어지기를 반복하며 가슴 한편에 술을 부르고 있었다. 옆집 물받이에서 떨어지는 빗소리가 각기 다른 화음에 무너지는 경쾌한 음악처럼 들려왔다. 창문을 열고 턱 괴고 앉아 내리는 빗방울과 함께 귀를 열어 감성에 젖었다.

비둘기 한 마리가 옆집 처마 밑을 지나가는 몇 겹 꼬인 전깃줄에 움츠리고 앉아 있다. 젖은 날개를 털어가며 빠른 머리 놀림으로 겨드랑이를 콕콕 찍어 생과부 집 나간 서방님 기다리듯 꽃단장 하는 모습이다. 아니나 다를까. 비둘기 한 마리 비를 피해 날아들고, 미리부터 앉아있던 놈이 총총 걸음으로 자리를 비워준다. 부리를 비비며 몸을 밀착시킨다. 서로를 찍어주며 목을 비비다 결국 암수상열지사에 몰입했다. 빗물이 침범하며 둘을 방해 했다. 그러나 줄꾼 외줄 타듯 최소한 보폭으로 잰걸음에 처마 깊숙이 파고든다.

영상이 끊기고 무료해진 순간이 찾아오자 아침을 걸렀다는 사실을 알았다. 이른 점심으로 해결해야 했다. 따뜻한 물로 샤워를 끝낸 후 냉장고에 묵혀둔 막걸리 한 병을 딴다. 작은 반상에 받쳐 들고 '한국사의 이해' 책 한 권, 찰리 채플린 '모든타임즈' 비디오 하나 골라 자세를 잡았다. 막걸리를 마신다. 빈속으로 흐르는 찬술이 잠들어 있던 내 몸속의 미미한 세포까지 깨어나게 한다. 김치 쪼가리 사각사각 씹는다. 제대로 익어 있다. 식욕이 다시 살아나는 듯하다. 야채 칸에 상추 몇 잎 씻어서 쌈 된장에 따끈한 밥 몇 술 떠서 쌈을 싸 입으로 밀어 넣는다. 술밥을 동시에 해결하는 지혜다. 배가 부른 것인지 술에 취한 것인지 잠이 몰려왔 다. 여전히 창밖에 빗소리는 후드득후드득 들린다.

얼마를 잤을까? 초임 벨 소리에 일어나니 유치원 다니는 딸아이가 왔다. 퉁퉁 부은 얼굴로 토마토를 갈아서 먹였다. 나 역시 토마토 간 것에 야쿠르트 한 병 넣어서 함께 갈아 덩달아 마셨다. 그러나 뱃속이 메스껍다. 야쿠르트와 토마토가 궁합이 맞지 않았나 보다. 위장이 뒤틀린다. 막걸리가 화학반응에 한몫을 더했다. 빈속에 식초를 쏟아 부은 듯 속에서 전쟁의 발발을 알린다. 결국 화장실에 가서 게워 내야 했다. 잠시 속이 잠잠하다 싶더니 재차 화장실로 달려갔다. 이제는 아래로 완전히 속을 비웠다. 텅빈 속이 허허롭다. 매실즙 따뜻하게 타서 마셨다. 그리고 재차 잠에 빠져들었다.

누군가 흔들어 깨운다. 딸아이가 수화기를 건넨다.

"인마 빗님이 오시는데 집구석에서 뭐 하시노?"

공돌이 놈이다. 공돌이가 평일에 쉰다면 그냥 지나갈 친구가 아니다. 비만 오면 환장을 하는, 어릴 적 한 여자아이를 사이에 두고 티격태격하던 그놈이다. 오랜만에 친구 껌팔이 만나 도루묵 막걸릿집에서 기다린단다. 배를 눌러 보았다. 아무런 느낌이 없다. 그래도 혹시 싶어 남은 매실 물 한 잔 더 마신다. 그리고 담배와 우산 챙겨 밖으로 나왔다. 더 굵은 빗줄기가 우산을 때린다.

시간이 이르다. 네 시 반밖에 되지 않았지만 비 오는 날 막걸릿집이 만원이다. 도루묵 굽는 냄새가 담배 연기와 섞여 자욱하다. 왁자지껄한 도루묵 집은 늘 잔칫날이다. 그리 반갑지 않게 만난 우리도 분위기에 휩쓸린다. 놋그릇 막걸리가 입을 착착 적신다. 도루묵을 뼈째 씹어 먹는다. 콩나물무침이 오늘따라 유난히 맛이 있다.

취기가 오른다. 몇 잔을 마셨는지 셀 수가 없다. 밖은 이미 완전한 어둠이 내려있다. 세 놈이 비틀거리며 술집을 나섰다. 공돌이가 말하길,

"금호강에 가서 한 잔 더하자."

순식간에 비 내리는 금호강 영상이 파노라마처럼 눈앞에 펼쳐졌다. 이럴 땐 의기투합이 기막히게 맞아떨어진다. 택시에 올라탔다. 입에서 한꺼번에 토해내는 도루묵 비린내와 막걸리 냄새, 담배에 찌든 입 냄새가 밀폐된 공간을 잠식했다. 아마도 핵폭탄의 위력과 맘먹는 죽음의 냄새였을 법하다. 후미 거울에 비친 택시 기사 양반 그야말로 죽을상이다. 얼마 못 가 인내가 바닥을 드러냈다. 앞 창문을 내려버린다. 참았던 숨을 크게 들이키며 오만상을 찌푸린다. 빗물이 택시 안으로 들어왔다. 빗줄기가 택시 앞좌석에 앉은 껌팔이 면상을 향했다. 그럼에도 불구하고 미동도 없다. 그사이 잠이 들었다. 우리는 앞에 앉은 놈이 계산한다는 암묵적 약속이 있다. 그놈이 막걸릿값도 계산했고, 택시비도 그놈 차지다. 다행이다. 껌팔이는 항상 현금이 두둑하다는 사실을 우리는 잘 알고 있었다.

비 내리는 금호강가 식당들이 한적하기 짝이 없다. 이미 몇몇 식당엔 불이 꺼졌다. 조용한 식당에 들어가 마시자는 나의 제안에 공돌이가 들은 척 만 척한다. 비에 젖은 생쥐 꼴을 한 껌팔이가 구멍가게에 들러 과자와 함께 막걸리 몇 병을 산다. 위풍당당하게 봉지를 들고 오는 껌팔이. 몇 올 남지 않은 머리카락이 빗물에 젖어 유난히 착 달라붙었다.

비 피할 곳을 이리저리 찾아보았다. 온종일 내린 비에 마른 벤치가 있을 리 만무다. 더구나 우리를 위해서 흐르는 강가에 공짜로 천막을 쳐 두었을 리 없다. 저기 아래, 휴일이면 그리도 바쁘게 인기를 끌었을 흰색의 오리배가 한 줄로 선착해 있다. 내가 제안했다.

"오리 뱃속에서 마시면 되겠네!"

선착장에서 오리배가 일 미터쯤 떨어져 묶여있다. 그중 가장 깨끗해 보이는 오리를 선택했다. 밧줄을 찾아 당겨가며 조심조심 안으로 들어갔다. 그러나 오리배 속이 생각보다 비좁았다. 흔들흔들 자리 잡기도 만만치 않았지만, 대각선으로 내리는 빗줄기도 피하기가 쉽지 않았다. 그래도 우리는 희한한 분위기에 도취되어 거리낌이 없었다. 건너편 둑길 가로등 불빛을 조명 삼아 술판 깔고 막걸리를 마시기 시작했다. 강 건너편 모텔과 휘황찬란한 나이트클럽, 춤추듯 반짝대는 조명 빛이 강물에 반사되어 한결 분위기를 돋운다. 그때 강 건너를 무심히 바라보던 공돌이가 질문했다.

"집 놔두고 모텔에서 자는 놈들은 뭐고?"

껌팔이가 답했다.

"집에 보일러 터졌겠지!"

이때 시답잖은 대화를 깨우기라도 하듯 내 휴대전화기에 벨이 울린다. 대구에서도 제일로 벽진 구석에서 중학교에서 근무 하는 마당쇠 놈이다. 이놈도 어디서 한잔하고 전화질이다. 해서 올 때 메밀묵 한 접시랑 부족한 막걸리 몇 병을 더 주문하고 나니 부자가 된 느낌이다.

공돌이가 상체를 일으키다 머리를 천장에 쿵 하고 박는다. 뭐라고 씨부렁거리더니 옆으로 실실 기어나가 오리배 좁은 날개 춤에 조심스럽게 발을 디디고 엉덩이를 오리와 밀착한 채 바지춤을 내리고 흔들거리며 소변을 보기 시작했다. 가히 신기의 능력이다. 조명에 반사된 소변 줄기가 바람에 날려 이리저리 흩어진다.
그때 멀리서 마당쇠가 부르는 소리가 들렸다. 반가운 마음에 일어서려는데 오리가 살짝 흔들렸다. 이때, 기묘한 자세로 볼일 보던 공돌이가 오리와 분리되면서 '풍덩!' 하고 강물로 뛰어 든다.

금호강의 깊이는 만만치 않다고 들어서 알고 있다. 더구나 비 온 뒤라 물살이 세다. 화들짝 놀라서 머리를 내밀고 보니 이미 물속에 잠수하고 보이지 않는다. 소리쳐 불렀다. 아무 대답도 없다. 이러다 물귀신 한 놈 만들겠다는 생각이 머리를 때렸다. 순식간에 놈 어머니의 가느다란 얼굴이, 놈 마누라 얼굴과 함께 떠올랐다. 그때 '어푸!' 하며 머리가 물 위로 떠올랐다. 우리의 껌팔이는 용감했다. 그때를 놓치지 않고 엎드린 자세에서 물에 빠진 공돌이 머리칼을 움켜쥐고 끌어올렸다. 구사일생으로 살아난 공돌이는 온 몸을 덜덜 떤다.
때마침 마당쇠가 도착했다. 빗방울이 가늘어지고 있다. 좁은 오리뱃속에 한 놈 더 합석하니 더 복작였다. 홀라당 젖은 놈 옆에 앉은 내 옷도 다 젖었다. 택시비 낸다고 앞자리에 앉은 놈 또한 만만치 않았다. 마당쇠만 온전했다. 그러나 놈 눈동자도 이미 풀려버린 것 같았다.

얼마를 마셨을까? 춥다고 구시렁거리는 공돌이 말에 슬슬 파장에 들었다. 시계가 열두 시를 넘기고 있었고, 나 또한 어슬어슬 춥다는 느낌이 들었다. 은박지 접시엔 메밀묵이 몇 점 남아 있었다. 조심스럽게 오리뱃속을 탈출하기 시작했다. 오리는 불만에 가득 찬 몸짓으로 흔들림을 계속했다. 제일 먼저 마당쇠가 탈출을 시도했다. 한 손으로 밧줄을 잡고 한 손으로 오리목을 잡더니 훌쩍 뛰어넘는다.

나도 그놈 따라서 가볍게 훌쩍 뛰었다. 그러나 마음뿐이었다. 한 손이 은박지 접시에 대한 미련을 버리지 못했다. 접시째 들고 뛰다가 빗물에 젖은 오리 난간에 미끄러지면서 물속으로 빨려들고 말았다. 발 끝부분에 무엇엔가 닿는 느낌이 들었다. 불현듯 물에 빠져 죽은 귀신들이 우글거리는 곳이라는 말이 떠올랐다. 공포가 몰아쳤다. 내 발목을 잡은 느낌! 물귀신인가? 소름이 돋았다.

그러나 내 모습을 본 놈들이 배를 잡고 낄낄거린다. 순간 지난 일들이 주마등처럼 눈앞에서 펼쳐진다. 살아야겠다는 생각이 용기를 불어넣었다. 속으로 '침착하자, 침착하자'를 되뇌며 몸에 힘을 뺐다. 그리고 용기 있게 가만히 섰다. 강물이 내 가슴팍에 왔다. 발 닿는 부분에 선착장 아랫부분 시멘트 계단이 물속에 서있었다.

등나무 아래 빈 의자에 앉아서 한참 정신을 수습해야 했다. 물에 빠진 동지 공돌이가 옆으로 휘적휘적 걸어오더니 내 어깨에 손을 올리고는 담배에 불을 붙여 입에 물려준다. 덜덜 떨며 받아서 맛있게 피웠다.

그러는 사이 우리 중 술이 제일 약하기도 하거니와 이미 일

차부터 무리한 껌팔이가 옆 의자에 가로로 쭉 뻗어 누워 잠을 청한다. 가만히 쪼그리고 앉아 취기와 겨루기 하던 마당쇠가 비틀비틀 걸어가더니 의자 뒤에서 바지춤을 내리고 오줌발을 갈긴다. 오줌 줄기가 껌팔이의 얼굴로 향했다. 아마도 껌팔이가 누워있다는 사실은 모르고 있는 듯했다. 갑자기 따뜻한 물을 맞이하게 된 껌팔이가 손으로 세수하듯 얼굴을 쓸어내린다.

그 광경을 담배 물고 낄낄거리며 감상하고 있는데 의리의 공돌이가 비틀거리며 걸어가더니 마당쇠를 손으로 확 밀쳤다. 그러자 누워서 세수하던 껌팔이 배 위를 덮쳐 버린다. '욱!' 하는 소리와 함께 껌팔이가 일어나고 마당쇤 그 힘으로 바닥에 얼굴을 처박는다. 여전히 남은 물줄기가 흘러내리고 있었다. 마당쇠는 더 추한 꼴로 변했다.

그날 우리는 받아주지 않는다는 걸 억지 사정하며 웃돈까지 보태서 휘황찬란한 모텔에 들어가 함께 잠을 청했다.

추신 : 껌팔이는 제법 큰 슈퍼마켓을 꾸려가는 친구며, 공돌이는 공무원을, 마당쇠는 체육 교사를 지칭합니다. 전국의 해당 직업군께 용서를 구합니다.

까르페모리

아버지를 닮아간다. 피곤한 저녁이나 술 마신 다음 날 아침이면 거울 속에서 내 어린 시절 아버지가 슬픈 표정으로 바라보고 있다. 게슴츠레한 눈, 머리카락은 물론 터럭까지 점령해 버린 서리, 속살이 보이는 정수리를 바라보다 부질없이 하세월을 보낸 과거가 떠올라 몸서리친다.

천장이 꺼질 듯 반복되는 한탄의 나날들에 질렸다. 무엇 하나 이룬 것 없음에도, 이보다 더 나쁜 일 없어서 다행이라고 찬탄한 세월이 그야말로 부끄럽기 짝이 없다. 불행했던 과거뿐이건만 꿈에서조차 어르고 달래는 한심한 인간을 보면서 이젠 위로하기도 지쳤다.

믿음이 없는 자는 자유롭거나 혹은 외롭다. 불행하게도 외로움을 이기지 못했다. 이보다 스스로 연약함을 드러낸 행위가 또 있을까. 돌이켜보면 불완전한 인간이 완전하지 않은 일들을 경험하면서 종교에 기웃대고 신에게 빌붙어 뭔가를 얻으려 했다.

삶은 그냥 살아가는 것이지 완전히 이해하려거나 애써 설명할 필요가 없다는 것을 아는 데 오랜 세월이 걸렸다. 단언컨대 신은 인간의 가슴팍이나 등짝에 매달리거나 빌붙어서 살아가는 존재다. 그런 따위의 신에 의탁해 안위를 찾고 넌지시 복을 빌었던 지난날을 비웃는다. 설사 사후세계, 천당이나 극락이 존재하더라도 어차피 떨어질 곳은 지옥일진대 앞서 걱정할 까닭이 없지 않은가. 현생 자유를 위한 필사적 필연적 선택이다.

그럼에도 불구하고 현실에서 묵직한 과제가 시도 때도 없이 괴롭힌다. 범부인 탓에 미움을 사랑으로 승화한다는 것은 애초에 불가능하다. 그러나 살아오면서 가슴에 얼기설기 쌓아 놓은 갈등과 분노와 잠재적 폭력의 얼개들을 삭혀야 하는 일은 도전해 볼 만하다. 각질 벗겨질 듯한 피부, 골이 깊어진 얼굴을 하고서 하등 의미 없다고 해도, 지금이 그때라 자위한다. 얼마나 남았던 지금처럼 의미 없는 밤이 이어질 것이고, 존재 가치를 잃은 채 구석을 찾아 뒹구는 낙엽처럼 시시껄렁한 날들이 남은 정력을 앗아가더라도 내 삶에 시시때때로 표출되던 증오를 감추리라.

시나브로 나이가 들면서 꽃이란 놈은 안개 속에서 피어나기 시작했고, 어느 날부터 귀에서는 징 소리, 갈대 스치는 바람소리, 쇳소리 섞인 노랫가락 울리는데, 조락을 앞둔 삶에서 필사적 발버둥은 그 의미를 잃었다. 더불어 오감도 다투어 둔화되어 가는데, 행운만 따라준다면 청춘의 가면 벗어던진 본모습을 찾을 수 있을지 모를 일이다.

거부할 수 없는 운명의 자석에 딸려 가더라도 나만의 춤사위를 잊지 않으리. 그리운 것 대부분 세상에 없으니 애절할 일 없고, 봄날에 피는 꽃보다 가을 낙엽이 더 아름답게 보이는 것은 세월에 에너지가 고갈되면서 시작된 것이리라.

고백건대 살아갈 용기는커녕 단박에 죽을 용기도 없다. 그러나 다행인 것은 여전히 아이들 새된 소리에 귀가 열리고, 황혼의 황홀함에도 넋을 놓고, 커피숍 구석에 걸린 진주 귀걸이 소녀 눈망울에 눈길을 빼앗기는 싸구려 감성이 들숨과 날숨을 위로한다. 이는 길게, 그리고 가늘고 딴딴하게 살아가기 위한 자성 능력이다.

인생, 황홀한 노을을 바라보는 나이에 들어서자, 문득 갈 때를 떠올린다. 남은 소원 한 줄 있다면, 허세 부리듯 헛기침 날리는 일 없이, 간혹 실수로 포장한 여유나 부렸으면 좋으련만….

부끄러움을 무릅쓰고 또 하나를 세상에 내밀었다. '심행수묵' 이후 다시는 그런 따위의 글을 쓰지 않겠노라 다짐했지만, 여전히 같은 글을 두드리고 있음을 알고 좌절을 맛보았다. 능력의 한계이거나 문학적 진실성이 부족해 지난 글에

덧칠하는 기분을 부정하지 않는다.

변명하자면 심정적 장애다. 입만 살아서 알맹이나 실체도 없는 주제를 끌어안은 채 내 방식대로 춤추듯 걷겠다고 자판을 두드리며 객기를 부린 까닭이다. 허접한 장애물 하나 헤쳐 갈 용기조차 없으면서, 기름기에서 짜낸 땀방울을 인내의 열매라 자화자찬하는 가련한 모습도 보았다.

무릇 삶은 겸손해야 한다는 사실을 이제야 깨달았다. 과거는 돌이킬 수 없는 엎질러진 물, 염치없지만 독자들께 용기와 격려를 바란다. 여전한 미련이 희망의 싹을 틔우고 있어서다. 비난이 아니라 건전한 비판과 거침없는 애정 어린 질타가 보약으로 스며들 수 있기를 기대한다.
까르페디엠 메멘토모리.

지난 책 '까르페모리' 머리말입니다.

이웃사촌 탐구생활

자본주의 사회는 일단은 이익을 목표로 한다. 기업체 역시 잉여 이익이 많을수록 부가 늘어나며 회사에 재투자하면서 사업체를 키운다. 따라서 고용인도 늘어나고, 그에 딸린 식구들 개개인 생활도 안정에 들게 된다.

기업을 영어로 '컴퍼니(company)'라고 하는 단어는 라틴어 꿈파네(cum pane)가 어원이다. 'cum'은 '함께'라는 뜻이고, 'pane'는 '빵을 나누다'란 의미다. 어떤가? 빵을 나누어 줄 자신이 있으면 성공한 삶이다.

상가 빵집에서 몇 개 골라 엘리베이터를 탔는데 6층에 불이 들어와 있다. 자그마하게 생긴 예쁜 아주머니가 인사한다. 새로 이사 온 듯했다. 무심코 봉투에서 빵 하나를 꺼내 건넸다. 마스크로 가린 얼굴이지만, 환하게 웃으며 받는다.

잠시 뒤에 현관문 벨이 울려 집사람이 나갔더니 건강 음료 두 박스와 작은 쪽지가 붙어 있다. 이사 온 지 얼마 되지 않아서먹했는데 고맙다는 글이었다. 과도한 친절이 괜한 부담을 드렸다 싶어 집사람을 통해 처가에서 가져온 들기름 한 병 들려 보냈다. 그 후로 엘베에서 만나면 아는 척 인사하며 지냈다. 그때부터 아내와 그분이 서로 소통하고 있었던 것 같다.

어느 날 아파트 아랫집 아주머니와 초등학교 다니는 아이 둘을 엘리베이터에서 만났다.

"발소리 시끄러우면 말씀하세요." 했더니
"아뇨, 전혀 시끄럽지 않아요! 오히려 우리 집 아이들이 시끄럽게 해서 죄송해요" 한다.
한 번도 시끄럽다고 생각한 적이 없는데….
아이들이 내리면서 씩씩하게 인사한다. 녀석들 참 잘생겼다.

집에 오니 아들과 아내가 치킨을 먹고 있다. 주문했거니 했는데 옆집에서 보낸 것이란다. 사연인즉슨, 아이가 태어났는데 밤새 울어 시끄럽게 해서 죄송하다나? 아들보고 물었다.

"시끄럽냐?"
"아니, 가끔 모깃소리처럼 들려요."

현관에서 옆집 새댁이랑 마주쳤다.
"아이가 울어서 시끄럽죠? 한다."
내가 그랬다.
"아무 소리도 들리지 않아요, 신경 쓰지 마세요." 했다.

아내가 어디서 코로나에 걸렸다. 동거인 나 역시 피해 갈 수 없었다. 6층 아주머니가 우리 부부가 코로나에 걸렸다는 걸 알고 카톡을 통해 필요한 것 있으면 가져다주겠다며 말씀하라고 하더란다. 또 건강음료 두 박스를 집 앞에 놓고 갔다. 그분 직업이 약사라니 어쩜 이웃도 횡재수로 만난 듯하다.

세상이 언론에 비친 것처럼 팍팍하지만은 않다. 그분 덕에 쾌유한 듯해 기분이 참 좋다. 나는 뭘 보답하지?
빵 하나였지만, 그것을 인연으로 아름다운 벗 한 분을 얻었다. '꿈 파네', 우리 나라말처럼 들어도 '꿈을 판다'는 의미가 '빵을 나누다'란 어미와 일맥상통하는 맛이 있다. 예부터 필연적으로 빵을 나누고, 꿈도 나누며 함께 살아가라는 의미인지도 모른다.

2 추억의 재발견

모든것을 다 알기에는 세월을 많이 먹었다. 환갑 진갑 지나면 아픈 추억도, 잊고 싶은 기억도, 시린 경험도 보약으로 변환시켜야 할 때다.
돌이킬 수 없어서 필연적으로 아름다울 수밖에 없는 추억을 소환하는 연습이 필요한 때다.

序 추억도 약이 될까

모든 것을 다 알기에는 세월을 많이 먹었다. 환갑 진갑 지나면 아픈 추억도, 잊고 싶은 기억도, 시린 경험도 보약으로 변환시켜야 할 때다. 그러나 훌훌 털어버리려 해도 부끄러운 기억이나, 억울한 과거가 득달같이 달려들어 소매를 잡고 놓아주지 않는다. 인간이란 기억의 힘이 워낙 강하기 때문이다.

가슴 저 밑바닥에 침전물이 되어 가라앉은 지난한 기억을 들쑤셔 여린 가슴을 적시는 데 무감각해지면 문제다. 좌절하고, 어쩔 수 없다는 말로 절망하면서 세상을 탓하다 문득 고개를 들면 염라대왕 앞이라는 것이 문제다.

어김없이 세월에 삭아가는 인생은 이제 정리하는 연습이 필요한지도 모른다. 그런 까닭에 아련하면서 행복했던, 다시 돌이킬 수 없어서 필연적으로 아름다울 수밖에 없는 추억을 소화하는 연습이 필요한 때다. 스스로 만든 기억의 지옥도 이제는 낡을 대로 낡아 스러지기 일보 직전이다. 기회는 이때다.

자극이 필요 할 때다. 영광보다는 폭력과 비루한 순종의 시간이 길었다 해도, 지난 과거에 살아나 질기게 달라붙는 걸림돌이 디딤돌이 될 수 있다며 심장에 부채질하자.

그리고 강렬한 자극이 필요하면 과감히 나와 내 주위를 변화해 보자. 새로운 것에 눈을 뜨고 귀를 기울이며, 생소한 것에 감히 도전장을 내자. 혹 아는가? 젊은 시절의 꿈이 살아날 수 있을지.

궁상맞게 나이 들어가면서 수지타산 따지지 말자. 약간의 희생을 지불하면 지난날 마음껏 방전해 버린 불꽃이 다시 튈 수도 있다.

잊힌 이상을 깨우고, 그를 향한 현명한 선택은 운명도 거스를 수 있다는 사실이다. 남은 생, 발효할 것인가 부패할 것인가는 우리네 선택에 달렸다.

기억의 왜곡과 날장의 추억

훅 달려든다. 예감이 틀리지 않았다고 촉이 그 보라며 나선다. 비슷한 이름, 어디선가 본 듯한 눈망울, 예고도 없이 순식간에 기억이 추억으로 포장해 파고든다. 가슴에 미묘한 바람이 강의 준비에 쏟았던 그동안의 정성을 백지로 만들어 버린다.

–첫사랑 그 소녀는 어디에서 나처럼 늙어갈까–

최 백호 노랫말을 달고 살았는데, 기연미연 생각할 겨를도 없이 백주에 드러났다.

"우리 언니 왜 그렇게 힘들게 했어요."

아연 상대가 긴장할 수밖에 없는 진지한 모습으로 마주 선다. 쉬는 시간에 찾아와 확인 과정도 거치지 않고 40여 년 세월을 대번에 뛰어넘는다. 익숙할 수 없는 상황이다

고향과 연령대, 전공과목을 듣는 순간 직감했다며 대견해했다. 우연에 허를 찔린 기쁨이 메말라가던 추억에 마중물을 붓는다. 그녀에 대한 밀려오는 궁금증을 애써 참았다. 긴 세월이 흘렀음에도 자매라는 동질 유전자가 얼굴에 남아 있다. 저절로 고개가 숙어진다. 그러자 듣기만 하라는 듯 순식간에

상상치도 못했던 사연까지 뱉어버린다.

예비고사 치러가서 고사장에 들어가지도 않고 돌아와 여러 달을 어둠 속에 몸을 숨겼다. 몇 년 후 대구에 다녀와 일 년이 지나고서 선을 보아 결혼했다. 그때부터 교회에 다니기 시작해 지금은 권사라며, 남편과 행복하게 잘살고 있다는 전혀 궁금하지 않은 말까지 쏟아낸다.

무한한 상상의 공간을 유영하던 첫사랑은 그렇게 내게 와 현실이 되었다. 그녀가 예비고사를 치르지 않은 까닭까지 개입되었다고는 진정 모를 일이다. 이후 사연은 미루어 짐작할 뿐이지만, 고독에 내맡긴 채 전신을 물어뜯기며 위안 삼은 것인지도 모른다.

형이상학적인 망상에서 벗어나 일찌감치 현실에 눈을 떴다. 비정한 벽을 느꼈거나, 꿈 많던 소년 시절에 품었던 환상의 막이 걷히면서 나락에 떨어져 허우적대는 모습을 보았을 수도 있다. 충만한 이상을 품었던 미술학도 가면이 벗겨진 모습을 더는 보고 싶지 않았다. 콘크리트 바닥에 붙어버린 젖은 낙엽 신세를 여과기 거치지 않고 보았으리라. 결국 잘해야 배고픔만을 면할 처지라고 단언했다. 순식간에 사춘기적 마법이 풀리자, 첫사랑은 추억의 저편에 남겨두자며 결론 내렸다.

마지막일 줄은 몰랐다. 그녀와 헤어지고 나서 며칠 동안 온전한 정신으로 버틸 수 없어 술을 탐했다. 기력이 달린 데다 상한 음식까지 들어가자 꼬박 보름을 앓았다.

하늘의 응징이라 겸허하게 받아들이기엔 수반된 고통을 이겨내기 힘들었다. 흐릿한 눈으로 바라본 작업실 회백색 벽면에 걸린 그림 속으로 빠져들면서 허우적댔다. 단아한 구상화가 뜨거운 추상화로 일그러지며 확대되자 불구덩이로 변했다. 벗어나야 했다. 안간힘을 쓰고 일어나 꿈을 빙자한 욕망의 흔적들을 부쉈다. 추호도 의심치 않았고, 한 번도 변하지 않았던 이상을 버렸다. 트럭으로 한 대 분량이 사라지고 난 뒤 텅 비어버린 그 공간도 버렸다. 몸에 묻은 물감 냄새도 지웠다. 더불어 사치인 양하며 사랑도 영혼의 블랙홀로 그렇게 밀어 넣었던 것 같다.

나에게는 그것이 그녀와의 인연이 끝이 아니다. 먼 발치에 서였지만 딱 한 번 본 적이 있다. 딸아이 갓 돌이 지나고 명절이 되어 고향을 찾았을 때다. 기차역 플랫폼에서 그녀를 보았다. 본능처럼 시선을 피했다. 그녀는 사람들 틈에서 장난치는 어린 아들들에게 여느 아낙처럼 잔소리를 곁들여 화를 내고 있었다. 옆에 후줄근한 점퍼 차림의 키 큰 남자가 무표정하게 서 있다. 속이 상했다. 잠시도 가만히 있지 못하는 두 아들 녀석 따귀를 후려치고 싶었다. 멀리서나마 얼굴을 기억하기 위해 애를 썼지만, 인연은 그렇게 기차에 몸을 실은 채 떠나보냈다. 혹시 그녀도 나를 보지는 않았을까? 아기를 안고 완행열차를 기다리는 모습에서 나와 같은 심정이었다면 달빛에 아른댔던 둘만의 추억은 어둠이 먹어 치웠다.

돌아오는 내내 역방향에 앉아 기억을 맞추느라 애썼다. 가까운 시간부터 파노라마로 역재생되었다. 결국 마지막이 된, 구태여 기억하고 싶지 않지만, 대구에서 부채를 안겨버린 사연, 군대에서 휴가 나와 술이 고주망태가 되어 그녀 자취방을 찾아갔을 때, 추운 겨울밤 내 방에 앉아 솜이불에 다리만 덮은 채 마주 보며 소곤소곤 이야기 나누던 그때, 고등학교 시절 통기타 메고 올랐던 뒷동산에서 본 별자리 오리온, 내가 보낸 편지를 책가방에 두었다가 선생님께 들켜 교실에서 낭독 당하던 이야기, 그녀 친구들과 섞여 카드 놀이하던 시절이 뒤죽박죽되어 기억을 헤집는다. 경수, 말자, 화숙 그 계집아이들은 지금쯤 뭘 하고 있을까.

일방적으로 쏟아내고도 부족함이 있다는 듯 영상통화를 제안한다. 머리를 가로저어 거절했다. 허락도 없이 모습을 휴대전화기에 담는다. 본인 얼굴을 나와 가까이해 함께 담고서야 앵글을 거둔다. 재차 다가와 때마침 언니로부터 내일 온다는 전화가 왔다면서 왜 오는지 알 수 없다는 말로 오늘 상황을 필연인 양 엮는다.

예의라고 생각해 언니 전화번호를 물었다. "알려줘도 될까?"라면서 빠른 손놀림으로 내 강의 노트 귀퉁이를 찾아 적는다. 언니가 어디 사냐고 물었다. 충북 어디라고 답한다. 그래서 그때 그 기차를 탔었다는 사실을 알았다. 박사학위를 취득한 후, 초청 강의로 바쁘게 지낸다는 자랑으로 언니에 대해 마무리하고 돌아선다.

이후 내 얼굴만 빤히 쳐다보는 동생으로 인해 나머지 한 시간을 어떻게 진행했는지 기억이 없다.

청춘에 새겼던 문신이 선명해지고 있다. 과거라는 나무에서 흩날리던 그리움의 낙엽이 향기로운 꽃잎이 되어 날린다. 기다렸을까?

동생으로부터 문자가 왔다. 사진을 보내달라며 답장을 보냈다. 내가 언니를 궁금해하는 것으로 오해했다. 전날 찍은 내 사진이 아니라 언니 사진을 보내왔다. 얼핏 본 후 화면을 닫았다. 잔상이 되어 따라다닌다. 자세하게 보든, 삭제하든 의미나 결과가 달라지지 않을 거라는 생각에 화면을 열었다. 깊은 눈매에 충만한 자신감이 반가웠지만, 우려했던 세월의 단호함이 선명하게 담겼다. 옛날 흔적을 찾기 위해 사진을 키우자 시간이란 서슬이 냉혹하게 확대됐다. 동생이 내 사진을 담아 갔으니 그녀 생각도 별반 다르지 않을 것이리라.

연락하지 않았다. 전화번호와 함께 순식간에 찾아온 인연도 버렸다. 첫사랑의 환상이 걷히는 것을 느꼈다.

돌이킬 수 없어서 필연적으로 아름다울 수밖에 없는 첫사랑이라는 마법이 주는 그리움을 현실에서 맛보았다. 그러나 무지개가 걸친 꽃밭을 지난 느낌이 아니다. 세월의 단호함이 뚫어 놓은 외줄기 동굴을 빠져나온 느낌이랄까. 결국 첫사랑에 대한 상상은 영혼이 확대된 볼록 렌즈라는 생각을 굳혔다. 낱장으로 다가온 추억은 짧은 현실이 되었다가 기억에 붉은 줄을 긋고 사라졌다.

늑대가 달을 사랑하듯 추억을 사랑한다. 그러나 예상치 못한 만남이 잘못된 운명의 교집합으로 혼돈에 빠질 수 있다. 지나간 옛사랑은 그냥 남겨 두는 것, 물리적 힘을 동원해 순간접착제로 이어 붙인다면 서로에게 치유할 수 없는 또 다른 상처가 될 수도 있음을 알았다.

이별은 아무리 익숙해도 그때마다 아픈 것이니까.

참외 서리

초등학교 4학년 여름방학이었다. 시골 촌놈들 사이에는 발에 걸리는 놈이 친구라지만 그날따라 동네가 너무 조용했다. 물론 늦잠을 잔 이유도 있겠거니 했다. 나중에 알고 보니 뒷산 넘어 복숭아 과수원에 유난히 작고 털이 많은 까치복숭아 사러 단체로 갔단다.

동무들이 담장 넘어 나를 불렀지만, 낮잠에 곯아떨어진 것 같았다. 열기를 품은 8월의 햇볕이 사정없이 내리쬐고, 박박 머리 정수리가 팬처럼 달아올랐다. 열기를 피해 대청에 걸터앉아 그야말로 멍때리기에 돌입했다. 하지만, 이내 미칠 것만 같았다. 무엇보다 너무나 심심했다.

그때였다. 엄마가 광주리에 비누와 대야를 챙긴 후 중학교 1학년 누나를 몰아붙여 한천 냇가에 빨래하러 간단다. 이때를 놓칠 수 없었다. 반바지에 내의 하나면 충분한 시골 촌놈 여름 패션은 잠옷과 외출복은 당연, 운동복도 겸하고 있었다.

어머니 공부하란 말 애써 넘기고 깜장 고무신 끌며 타달 타달 뒤를 따랐다. 넓은 백사장, 한천의 맑은 물줄기가 시원하게 반겼다. 물놀이하느라 정신 나간 아이들 십여 명이 요동치며 내뱉는 새된 소리가 여름 하늘을 잠식하고 있었다.

지금도 물만 보면 환장을 하지만, 준비운동은커녕 옷을 훌러덩 벗고 알몸으로 물에 뛰어들었다. 생판 처음 보는 아이들 틈에 섞여 물속에 돌멩이 찾기에 빠졌다가, 지루해지면 물에서 유영하는 송사리, 꺽지, 꾸구리, 모래무지, 미꾸라지와 놀았다.

온몸이 까맣게 익고, 등짝이 따끔거릴 때쯤이었다. 문득 고개를 드니 물길 건너편에 와 있다. 궁금함도 과하면 병인가 하지만, 알몸인 채로 야트막한 언덕을 올랐다. 넓은 들판 한가운데 우뚝 솟은 원두막이 보였다. 그곳이 참외밭이라는 걸 시골 촌놈은 직감으로 알 수 있다. 원두막에는 할아버지 한 분이 부채질하며 목침 배고 누워 있다.

그때 건너편에서 누나가 나를 불렀다. 내게 어머니 심부름 시키려고 한다는 것을 감으로 알았다. 집에 중요한 무엇을 빠트린 게 분명했다. 그러나 나는 대답 대신 누나를 향해 이쪽으로 오라고 바쁘게 손짓했다. 그리고 언덕 넘어 참외밭을 손가락으로 가리켰다. 누나에겐 참외밭이 보일 리가 없었지만, 누나가 엄마를 향해 무슨 말을 하는 것 같았다. 그리곤 치마를 둥둥 걷어 올린 채 물을 건너 내게로 왔다.

동생이 손가락으로 가리키는 참외밭에 누나 눈길이 딱! 고정되고 정지화면이 되었다. 오만가지 갈등에 머리는 혼란 그 자체였을 법했다. 정당하게 돈을 주고 산다는 것은 언감생심, 궁색한에 살림 우리 어머니 씨도 안 먹힐 것 같고, 결정의 순간이 찾아왔다.

"앉아라, 주인 보인다." 서리를 하겠다는 의지를 다진 후의 내 말에 누나 얼굴에는 팽팽한 긴장감이 서렸다. 내가 말했다.

"망볼게 누나 갔다 온나."

"어델?" 하며 누나는 시치미를 떼면서도 얼굴엔 갈등의 빛이 역력하다.

잠깐 고민 하는가 싶더니

"니가 갔다 온나. 내가 망볼게" 한다.

남매는 '가위바위보'로 결정하기로 했다. 남자는 주먹, 여자는 가위, 남동생인 내가 이겼다.

"갔다 와라 망볼게"

여자의 변신은 무죄! 오만상을 구긴 누나는,

"안 해! 엄마가 저녁에 물국수 해 먹자고 해서 집에 가서 물 길어 놔야 한다."

하고는 휭 돌아서 물을 건너버린다. 누나 등짝을 향해 가시광선을 발사해 봐야 소용없다는 것을 알았다. 그럼에도 불구하고 먹이 놓친 사냥꾼이 한 번에 포기할 수 없었다. 파란 잎에 올망졸망 달린 노란 참외만 바라보며 엎드려 있었다.

알몸이란 사실도 잊었다. 얼마나 흘렀을까. 슬쩍 뒤를 돌아보니 물놀이 삼매경에 빠진 아이들도 점점 숫자가 줄어들었다. 메뚜기가 옆을 스쳐가도 꿈쩍 않고 엎드려 있다. 매복, 나는 완벽한 은폐 엄폐를 하고 있었다. 매미가 응원하듯 악을 쓰며 울었다. 이마엔 땀이 송골송골 맺혔다. 또 그렇게 얼마가 지났다. 뒤를 돌아다보니 빨래하던 자리엔 어머니도 누나도 보이지 않았다.

원두막에 누워 있던 할아버지가 움직임 없이 정지되었다. 납짝 엎드려 낮은 포복으로 일 분에 두어 번씩 기어가기 시작했다. 나무초리나 삭정이에 아랫도리가 아팠지만, 참아야 했다. 그야말로 내 생전 최고의 인내와 끈기를 발휘했다. 목표물에 눈을 떼지 않은 채 노란 참외를 향해 다가갔다. 드디어 도착했다. 달싸한 참외 냄새에 살짝 고개 들고 보니 눈앞이 온통 노란색이다. 가까이 있는 참외 중 잘 익은 놈을 골라 하나 따고, 두 개 따고, 세 개 따고, 네 개 따고, 다섯 개까지 비틀어서 땄다. 그리고 엉금엉금 기어서 방향을 틀었다. 양손에 하나씩 들고 팔을 모아 가슴에 두 개 안고, 턱으로 하나를 밀면서 복귀를 서둘렀다. 땀이 흘러 볼이 축축하다

온전히 참외밭을 벗어났다. 꿇어앉아 가슴에 참외를 모아 냅다 뛰기 시작하였다. 참외를 안고 딸랑딸랑 처절한 달음박질! 그때였다. 원두막에서 낮잠을 즐기던 할아버지가 나를 확인하고 소리를 냅다 지른다.

“저놈 잡아라!”

일단 옷을 향해 뛰었다. 옷 없이 알몸으로 읍내를 통과할 수 없었다.

일단 물을 건너뛰는데 참외 하나 빠트리고, 두 개 빠트리고, 세 개째 빠트린 것은 다시 주웠다.

벗어놓은 옷까지 가서 팬티만 입고 내의에 남은 참외 둘둘 말았다. 그리고 꼬챙이 반바지 어깨에 걸치고 다시 뛰기 시작하였다. 그러나 나의 도둑질은 막을 내렸다. 옆 야채밭에서 일하던 주인아저씨 할아버지 소리 듣고 나를 향해 날듯이 내달려 왔던 것이다. 가느다란 팔목을 잡힌 나는 얼굴이 사색이 되었다.

“이름이 뭐야? 어데 사는 놈이야?"

참외가 떨어졌다. 붙들린 팔이 아프다. 눈에는 공포의 눈물이 고이고, 절대로 풀어줄 것 같지 않은 저승사자보다 더 무서운 아저씨 눈동자에 온 유월 가슴이 얼어붙는 듯하였다.

꼼짝없이 체포된 나는 참외밭으로 끌려갔다. 훔친 참외 몽땅 빼앗기고, 아버지 이름 밝히고, 어데 사는 누구라며 알아서 고백하고, 해질녘까지 남의 집 변소에 똥 퍼서 채소밭에 날랐다. 해가 서산에 걸리고, 하늘이 붉게 물들자 어머니 보고 싶다 못해 야속해질 즈음이었다. 저승사자보다 더 무서운 아저씨가 목욕하라고 해서 씻고 나자, 밥 먹고 가라 해서 끽

소리 못하고 쌀 듬성듬성 섞인 보리밥에 간고등어 한 토막, 상추쌈을 배가 시퍼렇도록 먹었다. 그리고 아저씨가 머리통을 쥐어박으며 일해준 대가라면서 참외 열두 개 자루에 담아준다.

태어나서 처음 노동의 대가를 받던 날, 참외를 맨 어깨가 든든하였다. 발걸음도 씩씩하고 당당하게 걸었다. 그러나 먼발치 집이 보이자 씩씩함은 다 어딜 가고 눈물이 팽그르르 맺혔다. 귀한 막내아들 고생해도 아무도 찾을 생각하지 않는 무심한 식구들이 야속하였다.

집 마당에 들어서자, 아버지 어머니를 위시해 식구들이 마당 가운데 살평상에 둘러앉아 국수를 먹고 있다. 그래도 어머니였다.
"이놈아, 이제 오나? 국수 먹어라."
"밥 먹었다!" 나의 퉁명스러운 대꾸.
"뒤에 그 뭐고?" 누나였다.
"참외다 왜!"
"참말로 훔쳐 왔나?" 누나의 놀라운 반응,
"잡혀서 똥 퍼 나르고 받은 거다!" 울분에 찬 말을 던지고는 그나마 시원한 바람이 통하는 뒷방으로 들어갔다. 그리고 머릴 눕히자마자 잠에 골아 떨어졌다. 잠결에 옷을 갈아입히는 어머니 손길을 느꼈다. 기분이 그렇게 좋았다. 그리고 어머니는 나지막이 귓전에 소곤댔다.

"참외 참 달다."
나는 더 깊은 잠에 빠져들었다.

아침에 일어나니 내 귀한 참외가 달랑 한 개만이 남았다. 그야말로 미치는 줄 알았다. 누나를 향한 나의 분노는 결국 누나 저금통을 털게 만들었다.

어머니 제사상에 유독 참외만 푸짐히 올리게 된 사연이다.

오빠야

인생은 종착점 없는 상향의 과정이라는데 살아가면서 따뜻한 사연만이 켜켜이 쌓여 간다면 더욱 그렇지 않을까. 이 엄동설한에 들은 참 따스한 이야기다.

"얼마 전에 적금이 만기가 되어서 찾으러 은행에 갔는데 자꾸 막내 여동생 생각이 나서 생전에 기회도 자주 올 것 같지 않아 여동생에게 전화했지, 비밀 통장을 하나 만들어야 하는데 명의 좀 빌리자며"
여동생은 흔쾌히 승낙하면서 농협에서 남매가 만났대.
"세상에 오빠도 비자금 만들고 그래요? 세상 오래 살고 볼 일이네"
그러면서 여동생은 창구에서 오빠가 건네주는 5천만 원을 자기 이름으로 통장개설 한 후, 통장을 오빠에게 건네주는데, 오빠가 그 통장을 다시 여동생에게 주며 이렇게 말했대.
"오빠 선물이다. 그동안 너에게 아무것도 못 해줬는데 정말 미안했다. 누구에게도 보여주지 말고 오직 너만을 위해 써야 한다."

오빠가 돈이 든 통장을 여동생에게 건네주고 농협 문은 나서는데 여동생은 그 자리에서 엉엉 소리 내어 울었고, 본인은 창피해서 혼났다나.

내 이야기라면 얼마나 좋을까 하는 생각이 들었다. 네 살 터울 여동생 얼굴이 떠올라 가슴이 짠해 온다. 그냥 있을 수가 없다. 아들 하나 혼자 키우면서 힘든 내색 한 번 없이 언제나 톨톨 웃으며 밝은 표정을 잃지 않은 아이, 돌아보니 살기 바쁘다는 핑계로 연락하지 않은지가 까마득했다. 물리적 거리는 핑계였고, 사연처럼 처지에 맞춰 얼마든지 사랑과 관심을 가져줄 수도 있지 않았을까? 전화기를 찾기 전에 먼지 쌓인 사진첩을 꺼낸다.

흑백사진 속 여윈 여동생이 밝게 웃고 있다. 나는 어디 가고, 옆집에 살던 남자아이가 바다 그림을 배경으로 동생과 마주 앉아 있다. 아무리 생각해도 사진의 사연이 기억나지 않는다. 어머니는 내가 아니라 하필 옆집 아이를 앉혔을까? 아마도 사진값을 아끼려고 그러진 않았을까 짐작할 뿐이다. 그런데 이 사진을 왜 내가 보관하고 있지? 동생 얼굴 잊지 말라고 어머니께서 생전에 이삿짐에 넣어둔 것일까. 도무지 알 수 없다.

"오빠야!"

이심전심이 이런 거였나? 동생으로부터 전화가 왔다. 상념을 깨는, 물보다 진한 핏줄로 이어진 텔레파시가 틀림없어. 전화기 너머 들리는 동생의 목소리에 귀가 열리고, 동생 말에 얼굴이 붉어진다.

"통장번호 알려줘, 제사상 모시려면 돈 많이 들어갈 건데 새언니한테 미안하기도 하고, 적은 돈이지만 보탤게"

명절이 가까워져 오고 있음을 알았다. 그런 쓸데없는 말 하지 말라고, 네 몸이나 잘 챙기며 살라고 우격다짐으로 끊었다. 가슴에 따뜻한 바람이 들어왔는데 서늘한 바람이 되어 마음마저 훑고 사라진다. 아이로만 알았는데 서너 해 지나면 60줄이란다. 단호한 세월은 형체 없는 살인자가 분명해. 남보다 더 빨리 흐르는 것 같은 속도에 화가 난다.

막상 전화를 끊었지만, 여운이 길어 소파에 몸을 늘어트렸다. '오빠야….' 동생의 목소리는 시간을 거슬러 유년기로 데려다 놓는다.

여름이었다. 동무들과 놀다가 해가 서산으로 기울어 갈 무렵 집에 가니 난리도 아니다. 두 살 난 동생이 사라졌다. 무작정 뛰쳐나갔다. 시장을 뒤지고, 초등학교를 샅샅이 훑었지만, 흔적도 찾을 수 없었다. 냇가를 향해 달렸다. 모래사장에 생판 모르는 아이들뿐이다.

문득 형 친구들이 예쁘다며 동생을 데리고 다방에 출입했던 생각이 났다. 기억으로는 '백조다방' '청자다방' '약속다방' 등 고향에 다방이 다섯 곳이 넘게 있었다. 이들 다방을 몽땅 뒤졌지만, 어느 곳에서도 찾을 수 없었다. 백조다방에는 낮에는 아버지, 어둠이 찾아오면 형이 죽치는 것쯤은 알고 있었다. 아마 내가 뉘 집 아들인가도 다들 알아보았을 것이다.

어둠이 찾아오고 있었다. 그림자가 짙어질수록 마음도 사위어갔다. 이젠 더 갈 곳이 떠오르지 않았다. 정수리 끝에서부터 목덜미까지 전율이 흘렀다. 맥이 빠진 채 무작정 터덜터덜 걸었다. 어쩌면 다시는 동생을 볼 수 없을지도 모른다는 생각이 굳어지자 눈물이 고였다. 혹여 집으로 돌아오지 않았을까? 누나나 엄마가 찾았을지도 모른다고 자위했다. 제발…, 하며 하늘을 올려다보며 빌었다. 딴에는 간절하게….

성질 급한 별이 동쪽 하늘에서 반짝이고 있었다. 파출소 앞을 지나고, 양복점을 막 지날 때였다. 천상의 울림이었다. 분명….

"오빠야!"

이처럼 맑은 목소리, 동생이 틀림없다. 파출소 계단에서 놀고 있다가 나를 보고 반갑게 불렀던 것이다. 달려가 동생을 업었다. 문이 열리고 순경이 나왔다. 동생이냐고 묻기에 고개를 끄덕이는 데 내 눈에 고였던 눈물이 주르르 흘렀다.

순경이 "이놈 우는구나!" 했지만 들은 채도 않고 동생을 업고 오는데, 순경 둘이 서서 "보자보자" 한다. 고개를 돌렸다. 내 눈에 흐르는 눈물을 보고 놀린다.

"진짜 우네 저놈."

동생을 업고 한 번도 쉬지 않고 언덕길을 올라 집으로 왔다. 동생이 '오빠야' 라고 불러서 찾았다는 말에 어머니는 나보다 동생을 더 대견해 했지만, 아무래도 좋았다. 내 나이 여섯 살 때다. 그날부터 동생만 졸졸 따라다녀야 했다.

막 중학생이 된 어느 날 학교에서 돌아오니 대청에 제법 큰 가방이 덩그러니 놓였고, 초등학교 다니던 동생이 울고 있다. 엄마는 어이없다는 듯 웃고만 있었다. 사연인즉슨, 어머니는 동생에게 딸 넷을 두었는데 뭣 하러 또 딸을 낳았겠냐며, 너는 한천 다리 밑에서 주워 왔다며 장난처럼 했던 말이 동생에겐 참을 수 없는 상처였던 것이다. 진짜로 다리 밑에서 주워 왔다면 친엄마 찾으러 떠날 참이었다나? 옷가지랑 만화책과 과자부스러기까지 쟁여 넣고 최후의 대결을 펼치고 있었다. 마침 마당으로 들어서자 어머니가 천군만마를 얻은 듯 물었다.

“야가 니 친동생 맞제?”

밤새 장맛비가 쏟아지던 날 아침, 누나들이랑 부엌에서 아침을 먹는데 안방에서 고양이 울음이 들렸다. 그 소리가 내 동생이 소리쳐 세상에 존재를 알렸던 순간이라고 과장되게 말했다. 어머니가 그 보라며, 오빠가 파출소에서 찾아 울면서 업고 왔던 말을 해주자 동생이 눈물을 훔치며 웃었다. 그 때부터 오빠는 동생의 생존 증인이 되었다.

집요하게 문자가 왔다. 내 통장번호를 캐묻고 있다. 제 마음이 편하기 위해서라며 오빠를 달랜다. 그래도 무시했다. 그런데 엄마가 보고 싶어서 그런다며 사정한다. 여동생은 무의식의 저편에 나를 통해 명절을 기억하고, 하나뿐인 오빠를 통해 어린 시절을 추억하고 있었다. 그래도 오라비라고…. 이 무심하기 짝이 없는 인간을…….

얼마나 남았건 말건 동생과 삶을 더하며 살아야 할 충분조건이 생긴 거라고 생각했다. 당장 명절 지나고 겸사겸사 서울행 기차를 탈까 성급한 판단을 내린다.

그런데 이런 젠장…. 카카오톡으로 무작정 보냈다고 일방적인 통보가 왔다. 알아서 찾아서 쓰면 된다는데 문명의 이기에 손을 들 수밖에 없다. 방법을 몰라서 아직도 카톡 재산으로 남아 있지만, 알아보니 다시 되돌려 보내는 방법이 있다는데 웃돈을 얹어 보낼까 생각 중이다. 추억은 살아가는 동안에는 현재진행형이라는데 말이다.

추억이 살아 있는 사람을 위한 것이라면, 아름답고 행복한 사연만 줄줄이 엮어 인위적이라도 삽입할 수 있다면 좋겠다는 생각이다. 잊고 싶은 기억은 영원히 지워버리고. 한 번뿐인 인생인데 뭐 어때?

사랑을 맛보다

잘 먹는다. 양 볼이 터질 듯 밀어 넣고선 우걱우걱 씹고, 꿀떡 삼키고 또 후루룩 빨아들인다. 떡두꺼비 파리 감추듯, 마파람에 게 눈 감추듯 먹어 치운다. 텔레비전 일명 '먹방' 프로에 눈을 떼지 못하고 있다. 그러다 예기치 못하게 추억이 호출당하는 경우가 있다. 아득히 먼 곳에 존재했던 옛 맛이 소환된 터였다.

화면 가득 가마솥에 시래기가 뽀얀 김을 올리며 익어가고 있다. 시래기 고등어조림을 보며 어머니를 떠올린다. 소복소복 밤새 소리 없이 눈이라도 내린 날이면 생일인 양 은근히 설렜다. 부엌에 들어가 가마솥이 걸린 아궁이에 왕겨를 움켜 넣고 풍로 돌리기를 자처했다. 몸도 따뜻하거니와 어머니가 음식 만드는 모습을 볼 수 있어서다.

시래기 고등어조림이 익어가는 냄새에 머리를 주억대며 부엌을 훔쳐보던 아버지 주름진 얼굴이 영상이 되어 살아난다. 이불을 개고 방 청소하던 누나의 볼멘소리와 어머니 잔소리가 화음을 이루며 한 편의 파노라마가 되어 속절없이 가슴에 파고든다.

고등어조림의 달고 짭짤한 맛, 양념이 잘 밴 시래기는 꽁보리밥을 천하에 둘도 없는 진미로 만들어 주었다. 지금도 생선조림 양념장을 만들 때면 어김없이 아랫입술을 살짝 베어 문 어머니 영상이 재생된다.

돌이켜보면 저마다의 음식에 사연이 묻어 파문을 일으키곤 한다. 부드럽고 포슬포슬한 감자에는 남모를 아픔이 있다. 감당하지 못할 더위를 예고하듯 아침 해가 사정없이 떠오르던 날이었다. 채소벌이를 하던 어머니는 새벽 일찍 오일장을 찾아 떠난 날이었을 법했다. 어머니 대신 누나가 아침밥을 챙겼다. 그날따라 감자가 반이 들어간 보리밥에 감자볶음, 감잣국이 상에 올라왔다. 철없는 남동생의 매몰찬 투정은 누나 눈을 마르지 않는 샘으로 만들었다. 누나 기억 속 존재 여부는 알 수 없지만, 지워지지 않은 영상 하나가 감자밥을 가난했던 시절의 메타포로 만들어버렸다.

삼치구이 양념장을 만들 때마다 형수의 애틋한 온기가 느껴진다. 양파, 호박, 당근, 대파를 잘게 썰 때 도마소리가 경쾌했다. 간장과 설탕, 다진 마늘과 후추, 참기름을 넣고 잘 섞어 준비해 둔 채소와 버무린다. 달군 팬에 식용유를 두르고 손질한 삼치를 가지런히 올리고 버무린 양념장을 골고루 끼얹어 중불에 익혔다. 삼치가 양념에 익어가면서 내는 달고 깊은 간장 향에 형수의 오만가지 정성과 미래에 대한 꿈이 짙게 배 있었다. 간이 골고루 배어들게 한 번씩 끓는 양념을 숟가락으로 떠서 삼치 위에 적시는 것도 잊지 않았다. 이런 저런 지난한 삶터에 몸을 담근 그녀로서 행복을 꿈꾸는 의식이지 않았을까. 양념을 달달 긁어 남은 밥을 비벼서 먹을 때 고인이 된 형이 아른댄다.

유난히 면 요리를 좋아하는 까닭은 어머니가 길들인 것이다. 밀가루를 차지게 반죽한 후 홍두깨에 밀가루옷을 입힌 뒤, 안반 위에서 요술을 부리면 점차 반죽이 얇게 펴지면서 면발도 늘어났다. 그렇게 해서 식구들 저녁 한 끼를 해결할 수 있었다. 푸성귀 가득 들어간 칼국수에 양념장을 살짝 올려 후후 불어가며 먹을 때 면발은 어떤 식감보다 비교할 수 없이 맛있다. 어머니 나이가 되면서 칼국수를 앞에 두면 어머니 갈라진 손가락 끝이 향수를 부르는 고명이 된다.

식은 밥 한 그릇으로 식구가 배불리 먹는 방법도 있었다. 큰 냄비에 콩나물 한두 주먹 넣고 김치를 잘게 썰어서 남은 밥과 함께 끓인다. 냄비 가장자리에 희망이 부풀 듯 거품이 일며 팔팔 끓기 시작하면 밀가루 수제비 얇게 떠 넣고 한소끔 더 끓였다. 누나들은 '꿀꿀이죽'이라고 불렀지만, 일명 경상도 갱시기의 완성이다. 반상에 둘러앉아 정신없이 먹다 보면 이마에 땀이 송골송골 맺힌다. 포만감이 사라지기 전에 서둘러 이불을 펴고 잠을 청해야 했다.

대부분 겨울철 저녁은 이렇게 해결했다. 요즘에야 술 마신 다음 날 이만한 것이 또 있을까 싶다. 가시지 않은 술기운에 동공 풀린 눈이지만 머리에 수건을 두른 어머니가 걱정스러운 눈길로 바라보고 있다.

쇠고기 육회를 입에 넣을 때마다 아버지와 어머니가 교대로 떠오른다. 제법 큰 일거리가 들어온 날이었을 것이다. 어머니 손도 덩달아 신명을 탔다. 고기를 썰던 주름진 어머니 손등이 생생하다. 두꺼운 칼에 썰려 나가던 빨간 육질이 세상에서 가장 맛있는 색이다. 갖은양념을 섞어 마지막으로 참기름을 뿌렸을 때 퍼지는 향기는 가난한 기억을 지우고도 남았다. 안방 개다리소반 위에 따끈하게 덥힌 청주가 식어가는 몸을 안타까워하며 기다리고 있었다. 양반다리를 한 채 군침을 삼키던 아버지 후두돌기가 유난히 솟은 모습으로 보아 생애 가장 더디게 흐른 시간이었을 법하다. 젓가락으로 육회 몇 가닥 집어 입을 동그랗게 벌린 채 아들 입에 넣어주던 아버지처럼, 아들에게 똑같이 하고 있다.

부뚜막에 앉아 모처럼 하얀 쌀밥과 함께 냄비째 먹던 두부조림은 미래를 약속받던 음식이었다. 어느 봄날 토요일 오후, 학교에서 허겁지겁 돌아왔을 때 꽉 들어찬 손님들로 분주하던 집은 마치 잔칫날 같았다. 가업이 출판이라 온 식구가 달려들어 어려운 일을 끝내고 결과물에 대한 칭찬이 아버지 어깨에 금빛 가루를 내려앉게 했다. 분주하게 움직이는 어머니 발그레한 얼굴에도 희망이 깔려 있었다. 지금도 두부조림을 만들 때면 돌아가신 어머니가 뒤에서 요령을 알려준다. 냄비 바닥에 다시마를 넓게 깔고 무를 평평하게 썰어 올린 후 그 위에 다시멸치를 아끼지 않고 넣은 다음 두부를 두툼하게 펼친다. 미리 만들어 둔 양념장을 골고루 넣고 자작하게 조려내면 맛있다는 아이들 말이 메아리가 되어 먼지 쌓인 앨범을 펼치게 한다.

음식을 만들거나 맛볼 때 시리거나 따뜻한 기억이 소환되곤 한다. 깨진 유리 조각을 통해 해를 바라보던 유년의 아롱진 추억을 떠올리면 군침이 돈다. 오랜 세월이 지났지만 어떤 음식은 누군가 옆에 있는 듯 느낀다. 입에 착 달라붙는 된장찌개의 깊은 맛, 속이 따뜻해지는 김치찌개의 감칠맛, 정이 담긴 안동식혜, 시원하면서 곰삭은 동치미, 비 오던 날 배추

부침전은 늘 어머니 아버지를 불러내곤 한다.

삶이 잃어버린 것의 목록이라면, 그중 대부분이 사랑하는 것들이다. 다행히 음식 하나에도 사랑하는 사람이 담겨 있다. 사랑을 맛보게 해준 음식이 삶의 원천이자 생명이란 뜻이다. 비록 소박할지라도 행복은 어김없이 대물림 된다.

시장에서 내게 말을 걸어오는 두부 한 모와 콩나물 한 봉지를 산다. 뭘 만들지는 아직 생각하지 못했다. 어머니라면 어떡했을까.

참 오래된 행복

어디선가 목돈이 생긴 듯했다. 학교 마치면 중간에 놀지 말고 곧바로 집으로 들어오라는 어머니 엄명이 아침밥 숟가락 놓기가 무섭게 떨어졌다.

"왜, 오늘 무슨 일 있나?"
"왕겨 스무 가마니랑 연탄 오백 장 들여놔야 한다."
"그거 엄마하고 나하고 둘이서 다 하나?"
"그러면 누구 또 있나?"
누나는 직장에 출근해야 했고, 형은 지금 집에 없다는 사실을 잘 알면서도 버릇처럼 물어본 말이었다. 물론 공자 왈 맹자 왈 하는 섬섬옥수의 아버지는 집에 비가 새더라도 손가락 한 번 까닥하지 않는 분이었고, 응당 범치 못하는 존재였다.

즐거워야 할 토요일 아침이 어두운 공간 속으로 빨려드는 느낌이었다. 책가방을 자전거 뒤에 싣고 학교로 향하는 아침 바람이 더 차게 느껴졌다. 수업 받는 중에도 오후에 힘들어 할 일이 생각나 마음이 천근같이 무거웠다. 그래도 어머니의 엄명은 거역할 수 없었다. 집에 절박한 사연이 있음을 알기에 빨리 수업이 끝나기를 기다려 집으로 갔다.

어떻게 마련한 목돈인지 몰라도 한겨울을 나기 위한 준비를 후다닥 끝내 놓아야 한다는 다급함이 있었다. 마냥 미적거리며 들고 있다간 어디에 쓴 지도 모르게 흔적 없이 흩어지고 마는 구멍 뚫린 생활고였음을 나는 알고 있었다. 어머니는 이미 준비를 끝내고 내가 학교에서 돌아오기만을 기다리고 있었다.

그렇게 토요일 오후 내내 연탄 오백 장, 왕겨 열 가마니를 창고에 차곡차곡 채워 넣었다. 연탄은 오십 장씩 리어카에 실어 앞에서 어머니가 끌고 내가 뒤에서 밀어 집 아래 계단 아래까지 가져다 놓은 뒤 그곳에서부터 집까지 지게에 지고 여러 번을 날랐다. 연약했지만 처한 삶에 안간힘을 낼 수밖에 없었던 어머니는 연탄 한 장에 얼마간의 배달료가 붙어 한 푼이라도 아끼려는 생각에서였다. 몸은 이미 파김치가 되어 있었다. 잠시 틈을 두고 도정공장으로 가 앞이 보이지 않을 정도로 날리는 먼지 속에서 쌀겨를 차곡차곡 가마니에 담아 리어카에 실어 날랐다. 내 머리와 얼굴엔 온통 검은 연탄과 뿌연 쌀겨의 먼지가 섞여 꼴이 말이 아니었다. 그야말로 쿤타킨테가 따로 없었다.

피곤한 몸과 달리 마음은 무척 푸근했다. 이미 지난주에 각

방 문살에 꽃잎 붙여 한지 새롭게 바르는 일을 끝냈으니, 난방 연료와 함께 한겨울을 따스하게 날 채비가 끝난 것이다. 어머니는 정지 부뚜막에 걸린 커다란 가마솥에 그동안 아끼던 마른 장작을 지펴 물을 끓였다. 끓는 물 몇 바가지 부어다 빨간 고무로 된 간이 목간통에 붓고 찬물을 섞어 따뜻하게 만들어 놓았다. 나는 옷을 훌렁 벗어 던지고 그 속에 쪼그려 몸을 담갔다. 비록 물은 가슴팍에 찼지만, 온몸의 세포가 자글자글해지는 느낌에 하루의 피곤이 풀리는 아늑함을 맛보았다. 아궁이에선 마지막 남은 장작불이 힘을 다하고 있었다.

밖에서 끝내길 기다리던 어머니는 잠시도 쉬지 않았다. 옷에 묻은 먼지 탁탁 털어내고 대청마루와 연결된 쪽마루까지 물걸레질이 한창이었다. 어머니를 위해 빨리 끝내야 한다는 생각이 미치자 대충 땟국물만 벗겨 내고 쪽문을 통해 안방으로 들어갔다. 옷장에 뽀송뽀송하게 마른 속옷으로 갈아입고 따끈한 아랫목에 엎드려 있다가 스르르 잠이 들었다. 오랜만에 맛보는 단잠이었다.

얼마가 지났을까? 나직한 어머니 말소리에 눈을 떠보니 밖은 이미 어둠이 먹어버렸다. 어느새 저녁준비가 끝이 난 듯했다. 내 볼을 쓰다듬으며 일어나기만을 기다리고 있었다. 어머니 거친 손바닥 감촉은 평생을 기억해도 좋을 만큼 부드럽고 따뜻했다. 내가 잠에서 깨는 기척을 보이자 조용히 나를 불렀다.

“일어나서 저녁 먹자. 아버지도 사랑에서 기다리고 계신다.”

저녁을 먹고 난 후 설거지를 끝낸 누나는 도둑고양이처럼 뒤란을 통해 동네 친구들이 모여 노는 곳으로 달아난 후였다. 사랑에선 가끔 아버지 글 읽는 소리가 평화로운 음악처럼 들려오고 있었다. 이미 초저녁에 한숨 자 두었던 터라 따뜻한 방바닥에 아랫배 깔고 책장만 펼친 채 하릴없이 심심해하고 있었다. 그때 바느질에 열중이던 어머니의 가늘고 긴 한숨 소리가 가슴에 깊숙이 파고들었다. 그것은 마치 삭아내린 세월을 토하는 듯했다.

“밥 잘 먹고 따신 데 앉아서 한숨은 그리 쉬는데?”

다소 퉁명스러운 아들놈의 말에 고개를 숙이고 있던 어머니 눈에는 금방이라도 촉촉한 물방울이 맺힐 것만 같았다. 집을 뛰쳐나가 도시의 하이에나가 된 큰형의 생각이 파편처럼 떠돌다 시도 때도 없이 날아와 박혔기 때문이었다. 점점 쌀쌀해지는 날씨에 타향에서 방황하고 있을 자식 놈의 걱정에 당신만 따뜻한 잠자리를 하고 있다는 것이 또 다른 아픔으로 내려앉았던 것이다.

입이 바싹 말라왔다. 장독대에 어머니가 만들어 놓은 식혜가 생각났다. 방안의 먹먹한 기운을 뒤로한 채 곧장 밖으로 나왔다. 귓불을 스치는 저녁 공기가 제법 쌀쌀하게 느껴졌다. 달빛을 빌어 독들이 옹기종기 놓인 장독대로 갔다. 식혜가 든 독을 찾아 커다란 양재기에 퍼 담고 벌컥벌컥 마시며 방으로 들어왔다. 고개를 숙인 채 바느질에 열중인 어머니께 불쑥 내밀었다. 돋보기를 코끝에 걸친 어머니는 입맛을 다시며 달게 받아 마신다. 어머니는 삶의 힘겨움을 토하고 나자 그동안 꽉 막혀있었던 가슴이 휭 하게 비어 있었던 것이다. 늦은 가을밤은 그렇게 깊어갔다.

다음날, 어머니와 함께 시장 난전으로 가 솎아낸 무청과 배추 겉잎들 한 수레 실어와 새끼줄에 굴비처럼 엮어 굴뚝 옆 흙벽에 걸어 놓았다. 시래기 된장국, 시래기 무침, 시래기 고등어조림, 시래기 멸치볶음 등등 겨우내 반찬거리였다. 이로써 한겨울을 날 채비는 대충 끝이 났다. 서산으로 넘어가는 붉은 햇살이 비슷하게 비추자 시래기는 간지럼을 탄 듯 몸을 틀며 걸려있었다. 어머니의 휘어진 허리춤은 시래기가 되었는데, 더 추워지기 전에 집 나간 큰형이 돌아와야만 우리 집 월동준비는 완전히 끝난다.

며칠 전 처가에서 삶은 무청 시래기를 한 보따리 보내왔다. 아내는 요즘 어디 둘 곳도 마땅찮은데 이렇게 많이 주면 어떻게 하냐며 볼멘소리로 냉동실과 김치냉장고에 나누어 넣는 모습을 보며 문득 생각에 잠겨 보았다. 이제는 월동준비란 말 자체가 없어진 사회가 되어 버렸다. 모질게도 가난했던 그때와 비교하면, 어지간한 풍요에도 마음은 왜 이렇게 허전하기만 할까.

참 오래된 기억들이 낱장으로 가슴에 들어와 오늘을 행복하게 한다. 미래 희망의 자양분으로 삼아야 할 일이다. 절대로 돌아갈 수 없는 추억을 위해 현실적 가치도 없는 십 수 년이 등 뒤로 날아가는 모습을 멍하게 바라보아서는 안 될 일이다.

(지난 글 '월동준비 2'를 새롭게 다듬어 실습니다)

별 하나 별 둘

얼마나 오래된 풍경입니까. 얼마나 오래된 사연입니까. 어둠이 별을 낳던 시절, 반짝이는 별을 보며 가슴에 꿈 한 자락 품어보지 않은 이 있겠습니까. 하늘은 어떻게 생겼을까? 어두움은 왜 찾아오며, 별은 왜 밤에만 태어날까? 꼬리에 꼬리를 물고 이어지는 의문은 별을 선으로 엮어 그림으로, 사연으로 상상의 나래를 펼치게 했습니다. 가진 거라곤 희망뿐이던 시절의 이야깁니다.

별빛은 영혼에 눌어붙은 절망의 굳은살을 희망이란 마법으로 삭혀주었습니다. 어둠이 세상을 먹고 풀벌레도 잠든 밤, 모처럼 시골집 마당에 누워 반짝이는 별을 따라 시선을 움직입니다. 그리곤 까마득한 추억 속 어머니를 살려냅니다.

풀벌레가 별빛 장단에 희망을 노래하는 밤, 우리 집 하늘에도 별이 반짝였습니다. 태양이 작열하는 대낮에도 현실은 어둠뿐이던 시절이었습니다. 칠흑 같은 어둠은 그늘진 마음과 수척한 몸을 숨기기에 더없이 좋았습니다. 그러나 희망을 전하기 위해 수십억 년을 쉬지 않고 달려온 별빛이 없었다면 더는 주린 배를 참지 못했을 것입니다. 별은 슬픔을 달래주는 위안으로, 또 행복을 꿈꾸게 하는 설렘으로 짙게 녹여냈습니다. 어머니는 별빛을 당신의 소망을 하늘로 전하는 연결고리로 여겼습니다.

여름날 저녁이면 마당 가운데 살평상에 누워 별을 장난감 삼아 놀곤 했습니다. 북두칠성부터 차례대로 짚어가며 '저거는 똥바가지' '그 옆에 작은 바가지' '둥글게 모인 것은 호빵' '저기 노랗게 반짝이는 것은 전구' 하며 읊조리다가, 눈으로 별이 부서져 알알이 박힐 즈음이면 스르르 잠이 들곤 했답니다. 볼에 닿는 어머니 갈라진 손바닥 감촉이 별을 징검다리 삼아 뛰어노는 꿈을 꾸게 했습니다. 아침에 눈을 뜨면 안방 한가운데 누워있었습니다. 잠결에 느꼈던 어머니의 품을 기억해 내면 기분이 무척 좋았습니다. 머리맡엔 별 대신 고봉으로 쌓은 꽁보리밥이 된장국과 함께 놓여 있었습니다.

별은 어떤 이에게는 슬픔을 달래주는 위안으로, 또 어떤 이에게는 행복을 꿈꾸게 하는 설렘으로 우리네 정서에 짙게 녹아 있습니다. 뿐이겠습니까. 저 깊이 우주 속으로 달려가며 별을 향해 희망을 쏘아 올리기도 했습니다. 별빛을 우리네 소망을 하늘에 전해주는 연결고리로 여겼던 것입니다. 찢어지게 가난했던 시절이었습니다. 어둠이 찾아오면 여태 돌아오지 않는 어머니를 기다리던 누나는 하늘을 올려다보며 이렇게 말했습니다. -하늘에는 보석도 참 많다- 어린 나이에도 세 살 많은 누나의 절박한 소망을 나는 알았습니다.

윤동주 님의 '별 헤는 밤'을 읊조려 보았습니다. 별 하나마다 추억을 담고 있습니다. 사랑과 그리움의 회상, 애환과 미련의 대상, 추억과 생명에 대한 단상 등 삶이 된 별이 거친 마음을 순하고 부드럽게 만들어 주고 있습니다. 별을 바라볼 때면 먼 기억 속 젖먹이 때 하늘로 간 동생을 떠올립니다. 플라톤의 제자들이 '신들의 문'이라 여겼던 역삼각형 염소자리를 통해 착한 영혼들만 모여 사는 별로 갔을 것입니다. 그날 밤 어머니 피맺힌 절규를 들은 별들이 춤을 추듯 초롱초롱 유별났거든요. 노랑 별똥별이 화답하는 모습도 보았답니다.

별을 만들어 낸 것은 하늘이지만 별자리를 만들어 낸 것은 사람의 마음이라고 합니다. 우리가 살아가는 세상을 하늘에도 그려놓았답니다. 하늘나라 파라다이스 자미원(紫微垣), 하늘의 임금님을 보좌하며 관료들이 업무를 보는 태미원(太微垣), 백성들이 머무르는 하늘시장 천시원(天市垣), 임금별, 혹은 장군별 북극성도 그중 하나입니다. 일상에서 비롯된 기억이나 사람은 물론, 동물에 대해서도 별로 떠올렸습니다. 별과 나를 엮어 내 별을 점찍기도 하고, 별똥별을 보면서 소원을 빌기도 했습니다. 별 하나에도 자아를 투영해 내적으로 풍부한 삶을 살고자 했던 지혜였습니다.

빛의 속도로 달려와 지금 우리 눈에 비치는 별은 이미 과거의 것이랍니다. 하지만 이런 식으로 해석하면 어느덧 동심은 사라지고 마음은 삭막해지게 마련입니다. 사랑이나 종교를 과학적으로 사고하고 분석적으로 표현하면 그 의미가 변색하듯이 말입니다. 고흐가 그린 '별이 빛나는 밤'은 고사하고, 윤동주는 물론 프랑시스 잠, 릴케 같은 대상들이 한없이 무색해질 것이며, 생텍쥐페리의 《어린왕자》에 나오는 별은 어떡합니까. 나 또한 미약하기 짝이 없는 인생이라 하늘에 의탁해 안녕을 빌어야 하기 때문입니다.

시골집 앞마당에 누워 하늘에 총총 박힌 별에 말을 걸어봅니다. 알퐁스 도데가 쓴 단편소설 《별》에서 '목동의 시계'라 했던 삼태성 오리온자리를 시작으로 물병자리, 게자리, 견우별, 직녀별…. 파란색 사파이어, 우아한 붉은 별 루비, 하얀빛을 살차게 뿜어내는 다이아몬드, 옹골진 노란 호박별이 주위를 압도합니다. 하지만 바들바들 떨고 있는 별, 꼬박꼬박 조는 듯 희미하게 사그라지는 별들만 찾아서 눈으로 내립니다. 연약한 삶을 살아본 사람이 가지는 측은지심이라 생각해도 좋습니다.

눈에 보일 듯 말 듯 작은, 희미하게 가물가물 안간힘으로 저들끼리 어깨를 기댄 채 의지하려 애쓰는 별들이 마음 쓰입니다. 세상은 그저 견뎌야 한다고 믿으며 살다가 하늘로 간 어머니들이 모인 것 같습니다. 세상을 움직이는 데는 근육질만 필요한 것이 아니라 작은 세포들이 모여 온전한 구조를 갖추듯 하늘도 그런 것 같습니다. 화려하게 빛나진 않지만, 하늘이 혼탁해지지 않게 묵묵히 정성을 다해 자신을 밝히는 은하수처럼 우리네 삶도 이와 다를 바 없습니다.

무한대의 시간을 달려온 별입니다. 화려하게 흐릿하게, 알알이 모여 별이 흐르는 강을 만들고 눈에 다 담을 수 없는 바다를 만들었습니다. 가난했지만, 별이 있어 비루하게 살지 않았습니다. 자고 나면 굶주림과 역병, 전쟁과 부역으로 하루를 났던 먼 옛날부터 상상의 나래를 펼쳐 인간에게 꿈을 품을 수 있게 한 밤하늘이 고마운 까닭입니다. 지금 내가 별을 바라보며 꿈을 잃어버린 아들에게 희망의 끈을 놓지 않는 것처럼….

슬그머니 다가온 아들이 옆자리에 누워 내 가슴에 손을 올립니다. 별빛 가루를 묻힌 천사가 바람으로 변해 나를 덮치는 듯합니다. 잠을 부르는 나른한 미약 같습니다.

응달진 춤 자유의 구름이 되다

구토하듯 울고, 악을 쓰고, 칭얼대기도 한다. 또 어떤 때는 재촉도, 잔소리도 담겼고, 간혹 기적처럼 향기까지 풍긴다. 이 정도면 다행이다. 마치 세상 끝에서 울리는 듯한 소리도 있다. 뒷머리를 당기는 예기치 못한 전화음은 대번에 심장에 파고들어 긴장의 파동을 울린 뒤 재차 정수리에 닿는다. 아버지 때도 그랬고, 친구 어머니 부음 때도 그랬다.

"아재요, 아버지 돌아가셨어요."

그 봐! 벨 소리는 거짓말하지 않아. 조카 몇 마디가 사촌 형 얼굴을 눈앞에 데려놓았다. 세상 관심 밖에 선 이들, 먹은 것이 없어 게워 낼 것도 없는 사람들이 존재했다. 알음알음 찾아오면 내치는 법이 없었다. 응달에서 살아왔지만, 따뜻하게 전해지는 뜸이나 따끔한 침으로 살피길 주저하지 않았다. 돈은커녕 음료수 한 병 받는 따위도 없었다. 세월이 추억마저 갉아먹자, 친구들 도움에도 한계가 왔다. 대신 형수가 모진 애를 썼지만, 구멍 뚫린 항아리였다.

몸단장한 뒤 거실로 나오자 열어 놓은 창으로 청량한 가을 바람이 밀려온다. 명절이 가까워져 온다는 뜻이다. 추억한다는 것, 가슴에 저절로 들어앉은 아련한 유년의 기억을 야금야금 되새김질하며 곰삭은 맛을 음미한다. 집을 나서기 전, 사촌 형이 먹다 남은 것을 빼앗다시피 가져온 한방차를 우렸다. 형 손맛이 코끝을 건드리고, 창으로 들어오는 가을 햇살이 침을 잡은 형 손가락을 투명하게 한다. 은빛 침 끝에 매달려 타임머신을 탄다.

아버지는 삼 형제 중 둘째였다. 명절이 되면 버스를 몇 번씩 갈아타고 큰집이 있는 봉화 문단이란 마을로 아들을 앞세워 찾곤 했다. 큰집은 야트막한 산 중턱에 외롭게 서 있는 외딴집이었다. 제법 넓은 마당을 중심으로 마당 끝에는 아래채를 두 채씩이나 거느렸으며, 높은 봉당 위로 높게 올린 대청을 둔 팔작지붕 기와집이었다. 대문을 지나 마당으로 쭈뼛쭈뼛 들어설 때 생소한 불편함을 단박에 떨쳐버리게 하는 이가 사촌 형이었다. 훌쩍 큰 키에 흰 치아를 드러내며 웃는 모습을 올려다볼 때면 마치 장승 같다고 생각했다.

큰집에는 만화책은커녕 사람들이 모여 사는 마을과는 몇 마장 떨어진 외딴집이라 친구도 없었다. 먼데 하늘에 선을 그으며 흐르는 산등성이를 바라보다 저 아랜 무엇이 있을까 궁금했다. 호수같이 둥근 마을에 몸을 담그고 싶다는 어린 열망이 용기를 부채질했다. 망설이지 않았다. 신작로가 있는 마을까지 내려가는 모험을 단행했다. 기대를 저버리지 않았다. 또래 아이 네댓 명을 만났다. 시골 아이들끼리는 통하는 뭔가가 있어 자연스레 금방 친해졌다.

그들을 따라 더 멀리 모험에 나섰다. 아이들 손에는 눈썰매에 쇠 날 대신 통나무를 단면으로 잘라 바퀴처럼 단 놀잇감이 들려 있었다. 아이들은 잡풀과 잔디가 적당히 어우러진 언덕에 올라 그것에 몸을 싣고 용기 있게 아래로 굴렀다. 언덕 아래에는 벼를 수확한 후 남은 볏짚이 쌓여 있었다. 지구 중력에 몸을 맡긴 채 속도감을 즐기며 쌓아놓은 짚단에 머리채 처박았다. 아이들 요구대로 따라 했다. 그렇게 몇 번 바람을 가르며 미끄러지는 속도를 즐겼다.

놀이에 빠져 해가 저물어 가는 줄 몰랐다. 푸르스름한 이내가 깔리자 가슴속에 알 수 없는 불안감이 밀려왔다. 아이들과 헤어진 후 서둘러 추석 상 준비가 한창인 큰집으로 향했다. 그런데 개 한 마리가 길 가운데 떡 버티고 서서 어디서 굴러먹다 온 놈이냐는 듯 검열한다. 눈동자에 힘을 주고 마주했지만, 절간 입구 금강역사같이 생긴 놈이 도무지 물러설 기미조차 없다. 아연 등줄기에 서늘한 기운이 훑고 지나갔다. 주위에 아무도 지나가주지 않았다.

도망쳐야 했다. 슬금슬금 뒷걸음질 치다가 개울에 징검다리가 놓인 곳을 향해 뛰었다. 갑작스러운 행동에 사기충천한 놈이 왈왈 짖으며 달려든다. 뒤를 돌아보자 놈의 귀가 뒤로 날린다. 멈춰 돌아섰다. 냇가에 돌멩이를 집어 들고 던질 자세를 취했다. 놈이 멈칫 놀라는 듯했다. 팔매질했다. 내 손을 떠난 돌멩이를 약 올리듯 요리조리 잘도 피한다. 잠시 멈칫하는 사이 송곳니를 드러내며 다시 달려든다.

재차 달렸다. 그리고 멈춰 서서 돌을 던지고, 또 달리기를 몇 번 반복했다. 놈이 나랑 놀기가 지루했는지, 아니면 그놈도 돌아갈 길이 너무 먼 것인지는 알 수 없으나 길가에 오줌발 질질 갈기더니 아무 일 없었다는 듯 돌아서 간다. 억울했다. 돌을 집어 놈을 향해 던졌다. 포물선을 그리며 날아간 돌이 땅바닥에 튀며 뒷다리에 명중했다. 이제는 놈이 도망쳤다. 다시 던졌지만, 놈은 이미 사정거리를 벗어나 어둠 속으로 사라졌다.

어둠과 적막만이 남았다. 아마엔 땀이 송골송골 맺혔고, 입으로는 가쁜 숨을 몰아쉬었으며, 가슴은 쿵쿵 뛰었다. 검정 고무신 한 짝은 어디에서 벗겨진 것인지 어둠에 맨발이 희게 빛났다. 왔던 길을 되돌아 찾아봤지만, 어둠이 세상을 먹어 찾을 수 없었다. 어머니 화난 얼굴이 크게 다가왔다. 혼날 각오를 하며 신발 찾기를 포기했다. 어림짐작으로 방향을 잡아 걸었다. 하늘에 별 무리가 초롱초롱 날 놀리는 것 같았다. 먼데 산새 소리가 구슬피 들렸다.

한쪽 신발짝 소리에 맞춰 새가 이름을 부르는 듯했다. 점차 새소리와 분리되어 선명하게 들렸다. 익숙한 이름이 허공에 파도를 일으키며 밀려들었다. 지금도 까닭을 알 수 없지만, 눈물이 쏟아졌다. 가까이서 들려왔다. 대답 대신 소리쳐 울었다. 사촌 형이었다. 손전등 불빛이 얼굴에 닿자 밀리듯 풀썩 주저앉았다. 눈물 콧물 범벅된 얼굴을 손수건으로 알뜰하게 닦았다. 마지막으로 코를 팽 풀어냈다. 형이 더러워진 손수건을 내 윗주머니에 쑤셔 넣고는 "너 가져." 한다. 형이 손바닥으로 내 볼을 감쌌다. 이토록 따뜻한 기운은 어머니 다음으로 두 번째다.

사촌 형 등에 업혔다. 화롯불인 양 가슴이 따뜻했다. 음성조차 따뜻했다.
"등에 얼굴 기대. 콧물 붙이지 말고."

중학생이 된 어느 추석 전날, 여느 때처럼 큰집을 찾았다. 결혼한 사촌 형과 형수와 조카까지 반겼다. 사촌 형뿐 아니라 어린 시절에는 대궐과도 같았던 기와집이 그토록 왜소함에 놀랐다. 문득 고무신 기억이 떠올라 어머니 심부름 가던 길에 에둘러 그 길을 답습했다. 냇가 바위틈에 몸을 반쯤 땅에 담근 채 빛바랜 고무신을 보았다. 내 신발보다 큰 고무신을 보며 웃었다. 신발이 나를 앞질러 자라는가 보다. 했다.

가슴에 황량한 바람만 몰아치는 것 같아 몸도 마음도 서늘해지는 계절이다. 사촌 형과의 인연은 이 세상에서 끝났다. 큰아버지 능력을 이어받아 재능을 펼쳤지만, 학위 국가로 변하면서 대를 이은 의술은 하등 쓸모가 없어졌다. 그때 기다렸다는 듯 악이 천사의 얼굴을 하고 나타났다. 도움을 받고도 시기를 거두지 못한 사람의 밀고로 얼마간 단절된 세상에 분리되어 살아야 했다. 언젠가는 이렇게 될 줄 알았다고 했다. 가슴에 어떤 성수로도 씻기지 않을 상처를 안았지만, 그 속에서 많은 사람을 쑥뜸으로 펄쩍 뛰게 했던 것만 기억한다며 환하게 웃었다.

주변인만이 느낄 수 있는 고독, 햇볕 한 줄기 들어오지 않는 응달지고 그늘진 환경이었지만 기쁜 것만 기억하고, 행복했던 시절만 떠올리고, 내 삶에 절정의 날이 남았다고 생각하면 힘이 난다던 형이 떠나갔다. 그가 남긴 춤사위가 세상 어디에선가 삶에 리듬이 되고, 누군가에게 흥이 되어 사랑의 힘을 발휘하리라.

파란 가을하늘 높이 새털구름이 사다리처럼 놓였다. 형을 떠나보낸 산 위에서 나는 세상을 내려다보고 있다.

어린 시절 향기가 난다

인생은 선택의 연속, 어린 시절 가업(家業)이 출판이었다. 타향살이 첫 직장이 출판사였으니 필연이라고 해야 맞을 듯하다. 경력에 비추어 비록 선택의 폭이 넓지는 않았더라도 어쩌면 본능처럼 이끌렸을 수도 있다. 그때부터 출판, 광고 기획, 그리고 디자이너로, 때론 카피라이터로 살아온 것은 온전히 그때 선택이 결정적이었다.

의지가 삶에 변화를 일으킬 수 있다고 자위한다. 준비된 이에게 찾아오는 행운, 즉 세렌디피티의 법칙을 믿는다. 최근에 작업실을 옮겼다. 탁월한 선택인지 아직은 알 수 없지만, 만 3년 달서구 생활을 과감하게 접고 집과 가까운 중구 남산동으로 왔다. 나보다 나를 더 나답게 보아주는 한 갑자 아래 띠동갑들 배려에 사무실 한쪽에 컴퓨터 책상 하나와 책꽂이를 마련할 수 있었다. 새롭게 출발하기 위해 마음도 자세도 가다듬었다.

더불어 오롯이 생각의 나래를 펼 수 있는 시간이 생겨서 좋다. 그동안은 대중교통에 한 시간 가까이 부대껴야 했지만,

작업실을 옮긴 후부터 천천히 걸어서 30여 분이면 충분하다. 인생 후반기, 여전히 미래를 걱정해야 하는 불안정한 삶이라도 이때만큼은 온갖 번뇌에서 벗어난 느낌이어서 참 좋다. 성모당 골목을 지날 때면 종교의 유무와 상관없이 숙연해지는 느낌을 즐긴다. 아기 예수를 안은 성모상을 향해 소원 하나 넌지시 흘리고 걷기도 한다.

좁은 골목을 굽이돌자 철컥철컥 인쇄기 돌아가는 소리가 들린다. 100여 년을 한결같이 출판 산업을 선도했던 인쇄 골목에 들어섰다는 뜻이다. 이 딱딱하고 차가운 쇳소리가 감성을 자극하면서 어린 시절 향수를 불러낸다. 코로 훅 빨려드는 잉크 냄새가 먼 기억을 헤집는다. 고개를 들어 하늘을 올려다보자 어린 시절이 뒤죽박죽 펼쳐진다. 시리고 아프고 아련하고 답답하고, 행복하고 신나고 즐겁고 따뜻한 추억들이 뒤범벅되어 속절없이 파고든다. 자동화란 꿈도 꾸지 못한 시절, 수동식 인쇄기를 돌리기 위해선 막노동과 다를 바 없었다. 그야말로 고사리손이라도 보태야 겨우 입에 풀칠할 수 있었으니 온 식구가 매달려야 했던 시절이었다.

기억에 의존하면 지금쯤 남아 있다면 인쇄박물관에 전시품으로 뭇사람들 관심 받을 법한 기계들이었다. 어머니가 투명한 종이 한 면에 찹쌀 풀을 먹여 햇살에 잘 말려놓으면 아버지는 그것을 잘라다가 해먹(일반적으로 벼루에 갈아서 사용하는 먹과는 다른 물감 같은…, 당시에는 '해먹'이라고 불렀다)을 접시에 떼어내 오구로 선을 긋고 글을 썼다. 여러 문중의 족보나 문집을 만들기 위한 첫 작업이었다. 코끝에 돋보기를 걸친 아버지 모습은 평생 잊을 수 없도록 각인 되어 잊히지 않는다. 한복차림으로 단정하게 앉아 가느다란 붓을 잡고 세로로 한자(漢字)를 써 내려가는 모습이 아들 눈에는 경이로움 그 자체였다.

아버지가 글을 쓰면, 그다음은 형들과 어머니 몫이었다. 아버지가 쓴 원고를 인쇄기 매끈한 석판(石板)에 올려 팔 힘을 이용해 돌에 입혔다. 그런 후 물걸레질한 후 롤러로 잉크를 묻혀 압력을 통해 한지에 인쇄해 냈다. 물걸레질을 한 터라 글자에만 잉크가 묻어 아버지가 쓴 글씨가 인쇄되어 나왔다. 인쇄된 한지를 식구들이 둘러앉아 네 등분으로 접었다. 그리고 페이지 순서별로 정렬해 하나씩 뽑아 순서를 맞춘다. 풀을 바르고 구멍을 뚫은 후, 연붉은 치자 물을 들인 표지를 입혀 빨갛게 물들인 실로 엮는다. 그리고 마지막으로 아버지가 책마다 표제를 써서 붙이면 작업이 끝난다.

납품 날이 되면 일을 맡긴 문중 대표들이 우리 집을 찾는다. 적게는 스물, 많게는 오십여 명이 주로 토요일을 정해 책 검수와 함께 일종의 출판기념행사를 벌였다. 어머니는 아침부터 손님맞이에 분주했다. 학교에서 돌아오면 평소 꿈도 꿀 수 없었던 쌀밥에 잡채와 고깃국, 감주, 문어와 수육을 맛볼 수 있었다. 책이 잘 나왔다는 칭찬이 거듭되면 아버지 어깨에 금빛 가루가 내려앉았고, 어머니 볼에는 볼그레한 희망이 묻어났다. 잉크, 종이 등 재룟값을 치르고 나면 목돈이 생겼다. 봄에 시작해 가을에 끝나는 이 일은 우리네 일 년 농사와 다를 바가 없었다. 이렇게 마련된 목돈으로 한겨울을 날 채비를 마칠 수 있었다.

신은 장난치기를 즐기는 듯했다. 평온을 넘어 나른한 행복이 집안에 넘치자 시샘하듯 운명의 신이 형을 도심의 하이에나로 만들어버렸다. 집에는 온전히 사람 손으로 움직이는 수동 오프셋 인쇄기가 하나 더 있었다. 아버지 발이 넓었던지, 큰형 영업력이 탁월했던지 알 수 없었으나, 경상북도 내 공립 초 중 고등학교 졸업장과 표창장을 인쇄했다. 족보나 문집이 끝나면 곧바로 졸업 시절을 맞아 정신없이 보내야 했다. 밤새워 인쇄하는 날이면 어머니는 간식을 장만해서 날랐고, 형들이 교대로 눈을 붙일 수 있도록 대신했다. 그렇게 애써 마련된 돈을 낚아챈 큰형이 도심 빌딩 숲으로 모습을 감췄던 것이다. 어머니 가슴에는 그동안 인쇄했던 글씨들이 덕지덕지 눌어붙어 떨어지지 않았다.

좌절과 절망의 연속이었지만, 어김없이 시간은 흘렀다. 눈물도 말라버린 채 현실을 극복한 어머니는 다시 일어섰다. 그러나 시시때때 가슴을 짓밟고 타향에서 방황하는 형이 떠오를 때면 어머니는 긴 숨을 쉬며 하늘을 올려다보곤 했다. 막내아들도 날벼락을 피해 갈 수 없었다. 초등학교를 졸업하고 중학교 갈 형편이 못 되었다. 새벽에 일어나 신문을 돌리고 친구들이 학교에서 공부할 때 서점에서 일했다. 일 년이었지만, 지금까지도 사라지지 않고 마치 주홍글씨처럼 삶에 붙어 따라다닌다. 서러움이 앞섰고, 버릇처럼 앞서는 주먹질이 이때 생겼다.

현실을 인정하고 새롭게 출발하기에는 문제가 또 있었다. 대한민국 건장한 남자라면 누구도 피해 갈 수 없는 일, 작은형이 군에 입대했다. 어린 나이였지만, 집에는 희망은커녕 어둠뿐이란 것을 재차 깨달았다. 이젠 큰누나와 어머니가 인쇄기를 돌려야 했다. 그렇게 3년을 버티자 기적이 일어났다. 첫눈이 멈칫거리며 내리던 날 빈털터리가 된 큰형이 돌아왔다. 형은 눈물로 용서를 구했고, 어머니는 돌아온 탕아를 절규로 용서했다. 형 옆에는 얼굴이 동그랗고 피부가 뽀얀 젊은 여자가 고개를 숙인 채 서 있었다.

매일 반복되며 살아나는 영상 속에서 같은 길을 걷는다. 100년 향수길 인쇄 골목에서 풍겨오는 진한 잉크 냄새, 한 치 오차도 없이 철컥철컥 반복되며 돌아가는 인쇄기 소리, 이에 뒤질세라 차르락 차르락 제본기 입 다무는 소리가 화음을 이루고, 높이 쌓인 종이와 기계 사이를 분주하게 오가는 사람들…. 비록 경기가 예전 같지 않다곤 하지만, 언젠가는 지난날 번성했던 그때로 돌아가겠다는 듯 얼굴에 열정이 넘친다. 낡은 건물, 입을 꼭 다문 출입구에 '○○출판사' 흐릿한 간판이 아침 햇살을 빌어 길손에게 인사한다.

치자색 책 표지를 닮은 인생의 가을, 후반기 삶에 필연처럼 찾아온 인연, 새로운 터전 남산동 인쇄 골목이 내 삶에 있어 과거와 미래를 이어주는 희망의 가교인지도 모른다. 미미한 오차조차 허용하지 않는, 한 치 흐트러짐 없이 생산되는 인쇄물처럼 변하지 않은 진실, 지난날 자양분에 노력을 더하면 색다른 결과물을 기대할 수도 있지 않을까. 현실주의자는 기적을 믿는다. 나는 지독한 현실주의자다.

운동화 그 쓸쓸함에 대하여

아침에 일어나 커튼을 걷고 본 하늘이 높고 맑다. 창문을 열자 청량한 바람까지 불어 상쾌하기까지 하다. 술기운에 천장이 내려앉도록 한숨만 쉬다가 잠이 들었다. 꿈속 부질없는 사연을 끌어안고 어르고 달래다 아침을 맞았다. 맑은 기운 한 줄기가 정신을 돌아오게 만든다. 마른 입가에 피식 웃음이 흐른다.

창을 열고 밤새 가득 내려앉은 방안의 먼지를 털어냈다. 앞뒤로 통하는 상쾌한 바람이 방 안 가득 들어찼다. 몇 달째 할 일 없는 실업자 신세, 이만하면 그리 나쁠 일도 없다. 전업주부 남편을 둔 아내 심정은 알 수 없으나, 내게 진정한 자유가 찾아왔다고 자평했다. 뜨문뜨문 사회생활 기억이 떠올라 존재의 외로움에 몸서리쳐지지만, 현생의 행복을 위한 필사적 필연적 선택이라 자위한다.

묵직하게 즐기던 고독의 시간이 거실 풍경을 마주하면서 가뭇없이 사라졌다. 아내와 아이들 모두 나가고 없는 시간, 식탁에 가지런히 놓여있는 도시락과 작은 아이스박스, 씽크대에 뒤엉켜 아우성치는 빈 그릇들, 먹다 남은 음식 그릇과 지금 당장 냉장고에 넣어달라며 뒹구는 과일 등 엉망이 된 주방과 거실이 주부를 질타하고 있다. 이른 아침, 술기운이 온전히 가시지 않아 실눈을 뜬 채 보았던 분주하던 집안 풍경이 어렴풋이 떠오른다. 마음이 바쁘다.

어젯밤 친구들과 늦게까지 술잔을 기울였던 탓이다. 내일이 작은 아이 가을 운동회라고 몇 번을 다짐하던 아내 말에 짜증 비슷하게 낸 것도 같은데, 기억나지 않는다. 급하다. 고무장갑을 끼고 능숙한 놀림으로 설거지를 시작했다. 거품으로 깨끗이 씻어 여러 번 헹궈낸 후 물기를 털어서 건조대에 엎어 놓았다. 씽크대에 물기 하나 없이 깨끗하게 닦아내고, 식탁 정리, 거실 정리 정돈까지 마무리했다. 시계를 보니 11시가 가까웠다.

얼굴에 물만 바른 후 서둘러 운동복 차림으로 집을 나섰다. 골목길 햇살 받은 바람에 기분이 좋다. 어깨엔 카메라랑 돗자리를 걸망처럼 메고, 양손엔 아내가 새벽에 일어나 마련한 도시락과 아이스박스를 들었다. 무게추가 묵직하게 어깨를 당기지만 쉴 수 없었다. 이마에 땀방울이 흐르기 시작한다. 아들을 기다리게 할 수 없다. 왼손 오른손 번갈아 바꿔가며 학교에 도착했다. 운동장 하늘에 만국기가 펄럭인다. 아이들과 학부모, 진행자 마이크 소리가 뒤섞여 먼 기억 속

아련한 추억을 헤집는다. 오랜만에 맛보는 설렘이다. 어머니와 함께 내 어린 시절 운동회가 떠오른다. 달리기에서 단 한 번도 공책은커녕 연필 한 자루 타본 적 없는 굼뜬 아이였다. 달리다가 넘어지지 않으면 다행이었으니 어머니 실망한 눈빛은 영원히 잊히지 않는다.

사람들이 나무 그늘에 삼삼오오 모여 수다 떨기에 여념이 없다. 그 사이를 신나게 뛰어다니는 아이들을 보면서 타임머신을 탄 듯 엄마, 누나와 함께 과일이랑 음료수를 먹던 내 어린 날의 운동회가 소환된다. 운동회 전날 설렘이 지배한 터라 밤잠을 설쳐 새벽녘에야 잠에 들었다. 눈을 뜨니 너무나도 고요한 집안 풍경, 황망했던 그때의 기억, 머리가 하얗게 변하면서 단체 체조용 곤봉도 잊고 학교로 달려가야 했다. 운동회 날 지각한 놈이 네가 첨이라던 선생님 얼굴도 그려졌다. 뒷골방에서 자고 있으리라곤 상상도 하지 않았던 어머니는 학교에서 날 찾느라 진땀을 흘렸다고 한다.

자리를 잡아야 했다. 이곳저곳을 기웃댄다. 아무리 찾아봐도 나무 아래 그늘에는 비집고 들어갈 틈이 보이지 않는다. 우선 짐을 내려놓고 아들을 찾았다. 늦게 왔다고 입이 네댓 발이 나와 있다. 급한 대로 음료수 한 병으로 달래놓고 아들 교실 2층 복도에 자리를 펴놓고 내려왔다. 때마침 아들이 달리기를 시작한다. 어머니 마음이 이랬을까. 내심 앞서서 뛰기를 응원했다. 그렇지만 내 어린 시절이 떠올라 기대하지 않았다. 내 눈을 의심했다. 일등으로 들어온다. 일등 이등 삼등! 골인 지점에 학부모와 학생, 진행을 맡은 선생까지 뒤섞여서 난장판이다.

아들은 처음에는 일등 한 것을 모르는 듯했다. 골인 지점을 지나서 관중들과 뒤섞여 버린다. 누군가 챙겨야 했지만, 아무도 그러지 않았다. 아들아이 팔뚝에 찍혀야 할 일등 도장이 다른 아이가 받은 듯했다. 내 아들이 일등이라고 목소릴 대신 높일 수도 없었다. 아들은 뒤늦게 일등 한 사실을 안 듯했다. 방금이라도 눈물이 쏟아질 것 같은 표정이다. 무릎을 굽혀 아들을 안았다. 그리고 볼에 대고 말했다.

"아빠는 네가 일등 한 사실을 알고 있어. 아빠가 대신 상 줄게"

그래도 아들 얼굴은 좀체 펴지지 않는다. 점심시간을 알리는 방송이 흘렀다. 통통한 아들 손을 잡고 도시락이 있는 복도로 갔다.

가족들 둘러앉아 김밥이랑 피자, 치킨을 나눠 먹으며 즐겁다 한다. 아들이랑 아버지 둘이 앉아 점심 도시락을 펼쳤다. 옆에 앉은 가족들이 힐끗 본다. 처량하다고 생각하는 듯하다. 면도하지 않았다는 사실을 떠올리자 이보다 더 궁상맞을 수 없다는 생각이 들었다. 그런데 의외다. 아들은 아무렇지 않다는 듯 맛있게 먹는다. 참 고맙다. 배가 고팠겠지만, 우물우물 먹는 모습을 보자 가슴이 더 짠해졌다. 누나는 중학교, 엄마는 직장에 나가야 한다는 반박할 수 없는 작금의 현실을 본능처럼 알고 있다. 멀리 있는 외할머니라도 부를 걸 그랬나? 하며 후회했다.

그렇게 더딘 시간이 흐르자 아내가 나타났다. 응원군이다. 아들 얼굴이 그렇게 환해진 모습은 처음이다. 남들 보기에 그나마 가족처럼 보였을 것이다. 내가 아들이 달리기에서 일등 했다고 자랑했다. 그런데 팔에 일등 도장 안 받았다고까지 했다. 아내는 표정이 돌변해 "이 바보야!"라며 거침없다. 때마침 아내랑 면을 익힌 어머니들이 찾아왔다. 한 팀을 이뤄 곗날 같은 수다가 시작된다. 아들은 친구들과 어디론가 간 뒤였다. 앉아있기 어색하고 익숙하지 않은 자리다. 뒷걸음으로 빠져나와 학교를 둘러보았다. 작은 책걸상을 보자 어린 시절이 떠올라 피식피식 김빠진 웃음이 새어 나왔다. 오후 운동회가 시작되는 방송이 흘렀다.

그늘진 구석에 홀로 앉았다. 앙증맞게 생긴 여자아이가 달려오더니 같이 뛰어 달라고 한다. 손에는 쪽지가 들려 있다. 선글라스 낀 아저씨랑 같이 뛰기란다. 일명 손님 찾기 달리기다. 나서는 걸 좋아하지 않지만, 아이가 발을 동동 구르면서 울상이다. 옆 사람들까지 빨리 나가라고 성화다. 손잡고 열심히 뛰었다. 몇 등인지 알 수는 없었다. 운동장 반 바퀴 돌고 아이 잡은 손 놓고 헉헉대며 돌아왔다. 아내와 수다 떨던 아줌마들 환호와 박수를 보낸다. 얼굴이 붉은 대추처럼 변했다. 고개를 들자 허공에 별이 떠다닌다.

구석에 앉아 캔 맥주로 숨을 달래고 있는데, 아내가 찾아와 먼저 갈 터이니 짐 챙기고 아들까지 잘 챙겨서 집으로 곧장 가란다. 직장 다니는 아내 말을 절대로 거역해서는 안 된다. 학교 담장에 기대 멍한 채로 시간을 보냈다. 행운권 추첨 시간이다. 주머니를 뒤졌다. 252번이라 적혀 있다. 살면서 행운을 한 번도 기대한 적 없다. 기적이었다. 첫 번째로 "252번"을 부른다. 잘못 들었나 싶어 다시 들어보니 분명 252번이다. 후다닥 뛰어가 쪽지를 내밀었다. 뒤이어 또 한 명이 달려왔다. 내 것을 자세히 보더니 당첨 번호는 251번이란다. 식용유 한 세트 탈거라고 열심히 뛴 내가 한심스럽다. 얼굴을 붉힌 채 돌아서 오는데 이 어머니들 또 킥킥! 웃으며 이런다. "축하해요!"

달리기 일등하고도 노트 한 권 못 탄 아들 손잡고 짐 챙겨서 집으로 향했다. 구멍가게 앞을 지날 때쯤 아들이 아이스크림 먹고 싶다고 한다. 주머니를 뒤졌다. 아뿔싸! 급하게 오느라 빈털터리다. 그래도 높게 떠 있는 하늘은 맑고 푸르더라.

코로나19 사태로 삶이 갈수록 팍팍하게만 변하는 것 같아 옛글 창고에서 하나 끄집어냈다. 그때로 돌아갈 수 없는 걸까.

옆집 최가네

어린 시절에 꿈 까지는 아니더라도 생존해야만 했던 곳은 산동네였다. 나름대로 언덕에 서서 읍내를 바라보며 알 수 없는 벅찬 환희를 맛보았고, 미래 어떤 내가 될 것인가, 꿈을 다독이기 딱 좋았다.

이른 아침이면 기묘한 음색으로 햇살을 맞이하는 휘파람새를 비롯해 나뭇가지에 저마다 살아남은 새들이 아침을 찬양하였다. 마당 끄트머리 여물어도 대추만 한 아름드리 능금나무가 마당에 그늘을 만들어 주고 있었다. 굵은 곁가지에 기다란 의자 걸치고, 하모니카 불며 나름대로 어린 시절을 즐기곤 하였다.

궁색한 살림은 언제 어느 순간에 불쑥 찾아와 어머니 눈물을 쪽 짜낸 후 사라지곤 하였다. 가난하였으나 망각의 명약을 취한 탓에 잊을 수 있었던 것이다. 가난은 버티면 되는 것, 이보다 더 긴장의 끈을 놓을 수 없게 하는 일이 있었다. 어디든 사람이 살아가는 곳이라면 늘 문제는 있다. 순박하기 그지없는 사람들만 모여 살아가는 동네에 어느 날 무적의 가족이 둥지를 틀며 하나씩 평정해 가기 시작하였다. 그때부터 조용하기 짝이 없는 우리 동네가 하루건너 고함이 터지고, 울분에 찬 음성이 하늘에 울리며 듣도 보도 못한 욕지거리가 골목을 메웠다. 무적의 가족이 하필이면 우리 옆집으로 이사 왔던 것이다.

동네에서 술 마시고 목소리 높여 싸웠다 하면 옆집 남자요, 매번 마누라한테 얻어터지면서도 밖에만 나서면 객기 부려 가며 동네를 시끄럽게 하는 이도 그 남자 였다.

부창부수라고 했던가? 확성기 틀어 놓은 듯 우렁찬 목소리로 동네가 시끄러우면 옆집 여편네요, 이웃집 아낙 머리끄덩이 수세미 만들어 놓기는 예사, 아랫집 남자 허벅지 물어뜯어 동네가 시끄러운 일도 한두 번이 아니다. 문제는 이 부부만이 아니었다. 패거리로 싸웠다 하면 온 식구가 달려들어 한 가족, 한 집안 반은 죽여 놓는 그야말로 무적의 가족이었다.

첫째 아들은 눈을 뒤집어 흰자위만 들어내는 신기를 선보이는가 하면, 그도 모자라 입에 거품 질질 물면서 온 동네를 헤집고 다녔다. 이처럼 살짝 맛이 간 듯 살다가 열여섯 살 무렵 마루에서 마당으로 넘어지면서 죽었다는데, 소문에는 정상이 아니라서 여자가 죽였다고 동네 사람들 수군거렸다. 그러나 서슬 퍼런 여자 기운에 눌려 그 누구 하나 입 밖에 내는 이가 없었다. 해서 동네 사람들은 찍소리 못하고 쉬쉬하며 나의 일이 아니란 듯 그냥 넘어갔다나 뭐라나.

그러나 나는 진실을 알았다. 큰아들이 죽기 전날 밤, 그녀도 인간인지라 쌀밥에 고깃국을 한 상 차려서 앞에 앉아 맛있게 먹으라고 떠먹이며 울더라는, 필자보다 두 살 아래 철없는 동생 입으로 직접 들은 터였다.

어머니께 들은 말 그대로 삭감 없이 전했더니 날 보고 큰일 날 소리 하지 말라고, 절대로 입 밖에 내서는 안 된다며 다짐하던 터라 입을 다물어야 했다. 커가면서도 누구에게 말을 내뱉거나 하진 않았다. 그때부터 지금껏 나만의 영원한 비밀로 묻혔다. 비밀은 많은 수록 삶의 가치가 깊어진다던가? 정색해서 다그치는 어머니 당부도 있었지만, 기실 그 여편네 후환이 두려웠던 것은 사실이다.

나보다 두 살 많은 둘째 놈은 어릴 적부터 손버릇이 나빠 잇을 만하면 경찰과 저그 엄니와 싸움을 붙이더니 어디? 담장 높은 학교인가 몇 해 다녀왔단다.

셋째는 나랑 동갑 여자아이인데 어릴 때부터 힘이 남자 뺨쳤다. 울 아버지께서 늘 하시는 말씀이, "너보다 못난 사람한테는 지고, 너보다 잘난 놈은 반드시 이겨라."라는 뜻을 따르느라 이래저래 잘 싸우는 편이 아니었지만, 하물며 여자와 주먹다짐 하랴. 그런데 꼭 남자아이들과 어울리고 싶어 해 한판 피할 수 없는 필연적인 사건도 생겼다. 더구나 남자인 날 우습게 알더라! 하지만 이빨로 팔을 물고 놓아주질 않아 고생한 적이 한두 번이 아니었다. 불행하기만 했던 어린 시절에 때리면 맞기만 했지, 맞서 싸우지는 않았다. 나중에 한참 커서들은 이야기지만 같은 여자랑 한 이불 속에서 산단다.

내게 제 형의 죽음에 대한 비밀을 발설하였던 넷째가 가끔 나의 샌드백이 되곤 했지만, 이놈도 만만찮아서 전력을 다해야 제압할 수 있었다. 물론 집안 대 집안끼리 싸움을 각오해야 했으니, 착하고 여리기만 했던 필자가 피하는 경우가 허다했다. 놈은 초등학교만 졸업한 후 고향에서 건달 똘마니로 살다가 어느 날 텔레비전에 나와 놀라게 했다. 그 뒤로도 가끔 화면에 얼굴이 비치더니 알고 보니 전문 뽕짝 가수란다. 딱 한 곡 거창하게 뜨더니만, 그다음부턴 그냥 그 노래 하나로 먹고사는 듯했다. 주변에 들은 말로는 워낙 싹수가 없어 더는 곡을 주려는 사람이 없다나? 은혜를 잘 잊는 부류라는 뜻으로 이해하였다.

그 아래 아주 어린 동생 놈이 하나 더 있는데 이놈은 별로 기억에 없다. 살짝 귀여운 맛이 있었지만, 이놈도 씨앗이나 밭으로 보아 그리 착하게 살지는 않은 듯하다. 이후, 유난히 담장이 높은 학교만을 들락거리던 둘째 놈이 나중에 정신을 차려 그나마 사람처럼 산다고 들었다.

하여튼 옆집이랑 될 수 있으면 상종하지 않고 사는 게 상책이었고, 길에서 마주치더라고 꼬박꼬박 인사 잘 드리고 지나

갈 때까지 길섶으로 비켜서 주곤 했었다. 그러나 운명과도 같은 결전의 날은 예고 없이 날씨와 함께 찾아왔다. 언제였던가? 오늘처럼 하늘에 뭉게구름 둥실둥실 떠 있었던가? 하여튼 하늘이 높고, 맑고 화창한 날이었다. 여름방학이 막 끝난 어느 날 토요일 오후, 학교를 파하고 집으로 돌아와 어머니와 둘이서 보리밥에 호박잎 된장찌개에 쌈 싸 먹고 난 뒤다. 둥글게 부푼 배를 두드리며 어머니 숙제하란 잔소리 대충 흘려듣고 맨송맨송 마루에 걸터앉아 있었다.

못마땅한 표정으로 보시던 어머니, 뭔가 생각난 듯 잠깐 다녀올 터이니 집 좀 잘 보라 당부하고 출타하셨다. 비 오면 서둘러 장독대 뚜껑 덮으라는 말씀도 잊지 않았다.
"걱정마라!" 대답해 놓고 나니 이 몸이 공부에 취미가 있는 것도 아니고 심심하기 짝이 없다. 집에 풍성한 쌀가마니가 있는 것도 아니요, 요즘처럼 텔레비전이나 오디오가 있는 것도 아니었고, 끽 해봐야 칙칙거리는 라디오 한 대뿐인, 훔쳐갈 것도 없는 집에 지킬 것이 무에 있다고 걱정이란 말인가! 하며 아무 생각 없이 계단 아래 친구 놈 집에 놀러 갔다.

친구도 심심하였는지 반갑게 맞는다. 그런데 가만 보니 대청에 쌉쌀하고 달달한 감 껍질이 햇살에 잘 말라가고 있다. 그냥 둘 내가 아니다. 한입 가득 구겨 넣고 맛있게 먹고 있을 때다. 하늘엔 먹장구름이 하늘을 가리고, 점점 더 어두워지는가 싶더니 장대비를 쏟아붓는다. 그야말로 작달작달 내리는 작달비였다. 친구가 후다닥 일어나 마당 옆 장독대로 달려가더니 요샛말로 비설거지에 분주하다. 햇빛 보라고 열어 논 장독 뚜껑들 덮고, 널린 고추 걷어오고, 마당 가운데 빨랫줄에 널어놓은 옷가지까지 숨을 몰아쉬면서 걷어온다. 옷은 홀라당 다 젖었지만, 아랑곳하지 않고 분주하게 일을 끝낸다.

나는 속으로 이놈 정말 잘하는구나! 하며 감 껍질 맛에 혹해 아무 생각이 없었다. 때아닌 가을비에 떨어지는 낙숫물 자국을 내려다보며 사색(?)에 잠겨 있을 때다. 30여 분 내리퍼붓던 빗줄기가 점점 가늘어지더니 하늘에 작게 구멍을 내면서 딱 고만큼 햇살이 비친다. 그런데 이상했다. 이 알 수 없는 불안감은 무엇일까? 아뿔싸! '우리 집 장독대!' 머리를 쇠망치로 때리는 풍경에 경악하고 말았다. 집으로 뛰어오는 중간 도랑에 황토물이 넘쳐 콸콸 소리를 내며 흐르고 있다.

삽짝을 들어서는 순간 온몸에 힘이 빠지는 듯했다. 빗물이 빠지지 않았는지 마당은 연못처럼 변해있었고, 며칠 전에 부화한 병아리들이 물 위에 동동 떠 있다. 마당 중간 지게 작대기로 받쳐 놓은 빨랫줄에는 물을 먹어서 축 늘어진 빨래들이 능금나무 이파리를 묻힌 채 가운데로 몰렸다. 옆 마당 장독대엔 비를 몽땅 먹어 범벅이 된 간장, 된장독, 미숫가루 만들기 위해 늘어 논 광주리의 찬밥 덩어리까지 물에 부풀어 개밥이 되었다. 마당 끄트머리 잡종견 갑돌이는 물에 젖어 벌벌 떨며 궁상떨며 바라보고 있는데, 표정을 보니 '너 이제 큰일 났다!'라는 듯했다. 상황이 상황인지라 어머니 전용 무기 부지깽이가 허공을 가르며 춤추는 상상을 하자 에라 모르겠다! 도망이나 칠까? 하다가 겨우 눌러앉았다.

나는 어린 시절부터 물이란 높은 곳에서 낮은 곳을 향해 흐르는 자연과학의 진리를 잊지 않았다. 지극한 선(善)은 물과 같다는 말도 아버지께 들어 알고 있었다. 그런데 정신을 차려보니 우리 집 앞마당에 내린 빗물이 옆집 최가네를 통해 낮은 곳으로 흘러야 함에도 담장 아래 물구멍을 보니 누군가 돌과 수건으로 꽁꽁 틀어막아 놓았다. 그래서 우리 집 마당이 연못으로 변한 거였다. 옆집 푸르딩딩한 얼굴의 여편네가 심술을 부린 것이다. 이웃끼리 사이가 그리 좋지 않다지만, 하늘이 내리는 빗줄기를 어찌하여 가로막는단 말이냐! 하면서 긴 작대기로 쿡쿡 쑤셔 뚫어놓으니 콸콸 소리를 내며 금방 마당에 있는 물이 빠진다.

불길한 예감은 빗나가지 않았다. 검푸른 얼굴, 두툼하게 뒤집어진 입술에 이보다 더 두꺼울 수 없는 피부를 한 옆집 여편네가 눈알을 부라리며 달려왔다. 살기! 그리고 이내 욕지거리와 함께 거대한 손바닥을 들어 귀싸대기를 올려붙인다. 고개가 뒤로 돌아갈 만큼 충격이 컸다. 그러나 그것이 끝이 아니었다. 한대 두 대, 세 대, 네 대……. 정신을 차릴 수 없었다. 본능적으로 팔을 휘둘러 막아 보았으나 내 여린 팔만 아팠다.

이후 한마디 대꾸도 못 하고 내 야들야들한 볼이 팅팅 붓도록 얻어터지고 보니 그 여편네 정신이 들었는가? 아님, 속이 다 풀렸는지는 몰라도 다시금 욕지거리를 섞어 가버린다. 위아래 입술이 붓고 피멍이 들었다. 눈알이 얼얼해 거울을 보니 흰자위에 붉은 핏줄과 함께 눈두덩이 팅팅 부어 있다. 억울했다. 조금 있으면 어머니께도 매를 맞아야 하는데, 이건 뭐 이런 개 같은 경우가 다 있나 싶었다. 수돗가에서 입술에 핏기를 씻으며 씩씩거리고 있을 때 어머니가 돌아오셨다.

집안 꼴이야 빨랫줄 하나만 보면 상황을 짐작할 수 있는 것을 더 말할 것도 없지만, 장독대를 보는 순간 그렇게 인자했던 어머니 눈에도 생전에 볼 수 없었던 섬광이 비친다! 어머니가 부지깽이를 찾아들었다. 그리고 입에는 잔소리를 행진곡처럼 해서 달려왔다. 그러나 내 모습을 보는 순간 멈칫하며 허공을 가르던 부지깽이가 정지되었고, 눈을 더 없이 동그랗게 떴다. 눈과 입가엔 피멍이 들었고, 퉁퉁 부은 얼굴에다, 눈동자에는 물기를 한껏 머금은 채 불쌍하고 애처로운 표정을 해 발발 떨었다. 눈엔 작은 경련까지 일으키며 연기를 펼치는 막내아들에게 매질할 어머니가 아니었다.

끝까지 이실직고하지 않고 친구 동이랑 싸웠노라! 둘러댔다. 만약 나의 죄를 감하기 위해 진실을 늘어놓았다면 옆집이랑 대판 전면전을 치러야 할지도 모른다는 여리고 어린 아들의 깊은 생각이었다. 작은형 들어오고, 아버지에 이어 누나들까지 합세해서 욕이 배가 터지도록 얻어먹었다. 그날 이후 햇장 담글 때까지 안동 외갓집에서 간장이랑 된장은 가져다 먹어야 했다.

그러나 그렇게 마냥 잊은 듯 있을 내가 아니었다. 분하고 억울하고 원통하고, 미친 듯 화가 치밀어 잠을 이룰 수 없었다. 어둠이 찾아왔다. 방구석에 베개 끌어안고 철저한 아이데이션에 착수했다. 결론이 났다. 실행에 옮길 수 있는 의지와 용기만이 남았다.

캄캄한 밤이 이어지고, 삼경(三更)이 오기를 기다렸다. 그리고 식구 모두 깊이 잠든 걸 확인하고, 마당에 갑돌이 한 방 먹여서 제집에 들어가 찍소리 못하게 했다. 그런 후에 뒤란으로 돌아가 곡괭이를 찾아 들었다. 살금살금 귀신이 오밤중에 마을을 배회하듯 옆집으로 향했다. 골목을 돌아 옆집 대문에서 나오는 외통수 길 한가운데, 비로 인해 물러진 땅을 파기 시작했다. 적당한 넓이로 해서 어른 무릎이 잠길 정도 깊이까지 파곤, 가로세로 너비 대략 50cm로 각을 잡아 마무리했다. 그리고 파낸 흙은 옆집 담장 넘어 장독 위로 솔솔 넘겨버리곤 마지막 우리 집 재래식 화장실에 때마침 아우성치며 넘치는 인분을 몇 됫박 퍼다 날랐다. 그 위에 지푸라기 몇 움큼 집어서 올려놓고 마른 흙을 살살 뿌려 놓았다. 옆집 최가가 이른 아침 똥통 짊어지고 뒷산 개간한 무밭에 똥 퍼 나른다는 사실을 알고 있었다. 멀리 공동 샘물까지 가서 몸에 묻은 인분 냄새 씻어내고 내 방으로 와 짜릿한 감동에 몸을 떨면서 잠이 들었다.

얼마를 잤을까? 고래가 고함치는 듯한 소리에 온 식구가 잠에서 깬다. 환희의 찬가보다 더 환희의 소리로 들렸음은 두말할 나위도 없다. 동네가 떠나가라 고래고래 소리를 지르는 술 덜 깬 두목 최가 고함을 들은 동네 사람들이 우르르 몰려든 모양이다. 물론 그 곳에 울 어머니와 작은형도 끼어 있었음은 두말할 나위도 없다.

덜컥 겁도 났다. 내게 불똥이 떨어지지 않길 기도하면서 이불을 머리까지 뒤집어쓰고 무사히 넘어가길 하늘에 빌었다. 그래도 들릴 건 다 들렸다. 내용인즉슨, 어떤 놈이 이런 못된 짓을 해놨노! 이런 육시럴 노무새끼, 잡히기만 하면 아가리를 어쩌고저쩌고……. 나는 처음의 용기와 달리 점점 겁에 질리기 시작했다. 가슴이 콩닥콩닥 뛰며 손발이 덜덜 떨리고 얼굴이 붉어졌다. 그때부터 속으로 스스로를 얼마나 다독였는지 모른다. "별일 없어, 별일 없어…." 하며 결국 부처님 하느님을 동시에 찾았다.

그러나 그 모습, 아니 그 현장이 미치도록 궁금했다. 용기를 냈다. 가슴에 헛바람까지 집어넣고 침착하게 이불까지 착착 개어놓고 밖으로 나와 고래 소리 현장으로 갔다. 오호통제라! 똥통 지고 똥통에 빠졌으니 다리에도 똥이요! 넘어지면서 옹기로 된 똥통 깨트렸으니 그 또한 똥이요, 머리에 한

독 덮어쓰고 있는 그것도 똥이었다. 그리고 깨진 똥장군에 아직도 할 말 못다 한 똥물이 줄줄 흐르고 있었다. 동네 사람들 한쪽 다리 절룩이며 똥 범벅을 한 두목 최가를 빙 둘러서서 한소리씩 한다.

"누가 이런 못된 짓을 해 놨을꼬? 아이고 몬땠다!"

하며 코를 막고는 실실 물러선다. 그러나 아이고 그 똥 구린내 한번 고소하다. 이런 표정들이었다. 그 말은 하지 않은 것보다 못했다. 그 소리에 약이 더 오른 두목 최가와 내게 손바닥을 휘두른 그 여편네가 하늘을 향해 울부짖듯 빙 둘러선 동네 사람들을 향해 화풀이한다.

"뭐가 구경났다고 모여서 지랄인교 앙?"

나는 순간 웃음이 터져 백주대낮, 아니 이른 댓바람에 현장에서 체포될 뻔하였다. 울 어머니를 위시해 동네 사람들 집으로 발을 돌리기 시작했다. 그 순간 그 여편네와 내 눈이 딱 마주쳤다. 순식간에 온몸을 휩싸는 그 짜릿한 전율! 불안 속의 쾌감! 살 떨리는 그 두려움 속에서 우러나오는 복수극의 찬란한 똥칠! 그러나 그 여편네 한마디가 나를 얼어붙게 했다.

"네가 그랬지?"

아! 드디어 들켜버렸는가! 결국 들켜버렸는가?

"내가 미쳤어요? 똥칠을?"

이 순발력을 보라! 그 집 여섯 식구 의심스러운 눈길을 마주하며 같이 째려보고 있는데 내 영원한 원군, 울 어머니가 끼어들었다.
"멀쩡한 아 잡을 소리 하지 마소!"
하고는 내 어깨를 잡아 집으로 발길을 돌렸다. 의심은 가는데 물증이 없다. 나는 그 여편네가 끝까지 나를 의심했으면 했다. 그래야 복수가 빛을 발할 것이 아닌가!

사건은 그렇게 유야무야 됐다. 그때부터 그 여편네가 나만 보면 이유 없이 눈을 부라리며 육시럴육시럴 욕을 해댔다. 욕이 배를 뚫고 들어오는 것도 아니고, 항상 고개를 빳빳이 들고 당당히 맞서곤 했다.

아, 그날 아침 아버지와 겸상하여 먹고 있었다. 아버지와 겸상한다는 것은 상징적인 의미가 컸다. 그만큼 귀한 아들 막내라는 특권의식이 출중했다는 뜻이다. 나머지 식구는 크고 둥근 반상에서 함께 밥을 먹었다. 그때 어머니가 물었다.
"너 어제 밤늦게 나가서 뭐 했노?"
"가긴 어딜?"
능청스레 대꾸했다. 그러나 세상의 어머니가 그렇듯 다 알고 있었다.
"이놈아, 곡괭이 들고 나간 거 다 안다."
억!
"얼굴 상처 싸운 거 아니지?"
"아니, 싸운 거다!"
어머니는 물러서지 않았다.

"옆집 찬이 엄마가 그러더나?"

"어 참내 아이다 카이…."

대답은 이렇게 하고 있었지만, 가을날 햇살 맑은 하늘에 달린 홍시처럼 붉어지는 얼굴을 감출 순 없었다.

"담부턴 그러지 마라!"

"……."

대화를 듣는 식구들 조용한 침묵 속에서 밥그릇 달그락 소리만 들렸다. 아버지도 형도 누나들도…….

동네서 그 짓을 할 놈은 자타가 공인하듯이 나밖에 없음을 인정하는 침묵이었다.

그 후 최가는 얼마 동안 절뚝거리며 술 마시고 쌈질하고 다니더니 계단에서 넘어져서 한쪽 팔까지 붕대로 칭칭 감고 다녔다! 그리고 얼마 후 멀리 이사 간다고 우리 집에 왔을 때 우리 식구들 얼굴엔 조용한 미소가 피어났음을 나는 다 안다.

우리 잡종견 갑돌이까지…….

우리 동네는 그렇게 평화가 찾아 왔다.

어떤 이들은 떠날 때 평화를 만든다.

41-2
상록
일수

3 이제부터 행복해질 거야

행복의 유통기한이 너무나 짧았다. 행복도 시간이 재촉하면 의미가 없다는 것을 깨달았다. 이젠 자기 연민도 네거티브한 선처럼 경계가 뚜렷하게 드러난다.

序 행복해질 거야

가능하다. 행복이란 돈을 주고도 살 수 있다. 물질적 자기만족, 가진 자의 허세, 빳빳하게 힘이 들어간 목, 아래로 내려 깐 시선, 굽어보며 한쪽 입 꼬리를 올리는 미소가 나를 더 나답게 만들어 준다.

뒤에서 수군대는 소리에 귀 기울일 필요도 없고, 한심하게 바라보는 시선을 의식할 까닭은커녕 여유조차 없다. 쾌락의 향유를 위해서다. 물질의 위력은 비루한 과거를 가리고, 폭력적인 상처를 덮고, 내 후광을 밝게 비추고도 두툼한 지갑만큼 여유가 있다.

그런데 아뿔싸! 순식간에 고갈이 찾아오면서 쓰디쓴 뒷맛만이 여운을 남기며 질기게 따라 붙는다. 안타깝게도 행복의 유통기한이 너무나 짧았다. 행복도 시간이 재촉하면 의미가 없다는 것을 깨달았다. 이젠 자기 연민도 네거티브한 선처럼 경계가 뚜렷하게 드러난다. 할 수 있는 일이라곤 하늘이 데려가기를 기다리는 것 뿐.

슬픈 일이다. 그러나 절망한다고 해갈이 될까. 지금의 한계를 인정하고 희망을 꿈꿀 수는 없을까. 얼마가 남은 것인지 도무지 알 수 없는 생이라도 포기 할 수 없다. 후회만 남긴 인생으로 마감할 수 없는 까닭이다. 매 순간 살아온 날들에 놓쳐버린 기회들을 생각하면 마냥 안타까움과 마주하곤 하지만, 회한의 감정을 다스리려면 미래를 그려내는 거다. 여전히 잠재력이 무한하다고, 이럴 때 정신승리법이 필요한 법이다. 모든 생명은 죽음에 포섭된다는 진리를 믿지만, 그렇다고 적멸감에 두려워할 필요가 없다며 다독인다.

마치 물 위에 뜬 배인 양 밀물이 오면 밀려오고, 썰물이 지면 물러가고, 물결이 잔잔해지면 멈추듯 마음에도 대자연과도 같은 질서의 힘이 필요 할 때인지도 모른다. 마음의 무게를 덜어내야 한다는 뜻이다. 할 수만 있다면, 미움의 상처까지도 맑게 닦아야 한다. 우린 존재가치, 즉 그 자체로써 축복의 선물을 받고 있으니까.

우리 모두 이 세상을 걸어가는 순례자인지도 모른다. 순례란, 타인을 위해 행복을 빌어주는 길이라고 한다. 늦지 않았다. 우리네 행복은 진정 그런 거라고 깨닫기까지 너무 오랜 시간이 걸렸다.

슬픔이란 매우 거추장한 정서다. 절망하고 좌절하기엔 내겐 시간이 얼마 없다. 적막하고 고요한, 나른하고 게으른 평온을 단호히 거부한다.

아침에 집 나간 아내를 기다리며 1

나는 프리랜서다. 나이가 많은 자에게 이 말은 곧 실업자란 뜻이다. 규모의 경제 한계가 뚜렷한 지방 도시에서 아무리 발버둥 쳐도 일감이 그리 많지 않아서고, 또한 팽팽 돌아가는 젊은 친구들 치고 올라오는 데, 머리에 서리가 내린 필자가 경쟁하기도 지친다.

그렇지만 여전히 서드 에이지(Third Age)라고 확신한다. 10여 년 몸과 마음마저 자유롭게 지내다가, 재차 만 10년 직장에 다녔다. 하지만 이도 출퇴근이 내 마음대로인 조건으로 쥐꼬리 급여를 선택하였다. 급여를 덜 받더라고 자유를 누리고 싶었던 것이다.

이후 재차 프리한 몸이 되길 올해로 5년째다. 이쯤 되면 나도 모르게 아이들이 뱃살공주라 부르는 마마의 눈치를 볼 수밖에 없다. 알아서 기어야 한다는 뜻이지만, 썩어도 준치라는 말이 있듯, 자존감은 여전히 하늘을 찌르는 나로선 늘 아내와 팽팽한 긴장 상태가 유지될 수밖에 없는 형국이다. 간혹 집에서 키우는 냥이 두 놈에 의해 대화가 유지되곤 하지만, 이도 그리 오래가지 않는다.

연애 5년, 결혼 33년 차 부부가 애증의 관계로 변한다는 것은 어쩌면 정해진 수순일지도 모른다. 그러나 피곤하긴 나도 마찬가지라 좋은 게 좋다고 알아서 처신할 때가 훨씬 많다. 냥이 치다꺼리는 온전히 나의 몫이다. 씽크대 밀린 설거지는 기본이고, 뱃살공주마마 침대 정리는 옵션이다. 밖에서 돌아왔을 때 아주 잠깐이라도 기분 좋아지라고 재롱떠는 수준이라고 보면 틀린 말이 아니다.

그동안 아침에 눈을 뜨면 늘 새로운 삶과 마주하였다. 이 말은 항상 초보 인생이었다는 뜻이다. 초보 회사원, 초보 신혼살림, 초보 사위, 초보 아빠, 초보 중년, 초보 장년, 초보 노년(?)에 접어들었다. 과거 경험이 지혜라고 하더라만, 그럼에도 불구하고 여전히 초보를 벗어나지 못하고 있다.

서른 살 전에는 두려워 말고, 서른 살 후에는 후회하지 말라고 하더라만, 단언컨대 돌아보면 후회뿐인 삶은 변치 않은 사실이다. 무엇보다 풍류를 핑계로 과거를 허비하였던 삶은 이제 낡고 빛바랜 흑백사진처럼 변했고, 돈을 목적으로 살아왔던 과거는 삭막한 정서에 먼지만 폴폴 날리는 주머니가 된지 오래다. 남보다 앞서 달리려 애쓰던 기억은 조급증만 키웠으며, 쾌락을 문화 향유라며 자위하던 때가 살이 되어 돌아와 흉년으로 주린 배를 움켜쥐고 편륳 된 시선으로 세상을 비난하기에 이르렀다.

지혜롭게도 혼자 노는 법을 터득하였다. 친구를 만나거나, 혹은 사회 벗과의 술자리도, 동기동창 모임도, 문학단체 모임도 불편하기 짝이 없다. 여전히 혼자가 좋다. 외로움? 그것은 지혜롭지 못한 사람들이 늘어놓는 푸념이다. 고독해지자. 그리고 그것을 즐겨보는 거다. 인간은 지성인일수록 고독하다고 한다. 심심하면 음악이라도 틀어놓고 춤이라도 추자. 책이 손에 잡히지 않으면 운동이라도 하자. 대신 인근 공원을 배회하면서 장기나 바둑 두는 사람 옆에서 구경꾼 속에 섞이지는 말자. 삼대 바보 중 세 번째이다. 초상집 개가 연상되기 때문이다.

나는 오래 전부터 아침에 집 나간 아내를 기다린다. 아내가 돌아올 때가 다가오면 내 가슴이 두근댄다. 이처럼 '두 근반 세 근반' 리듬을 타는 것이 무엇을 뜻하는지 정확히 알 수 없지만, 온몸의 피가 질량이 높아지면서 긴장상태에 돌입하고, 머리에 보이지 않는 촉수에는 빨간불이 켜진다. 부디 밖에서 즐거운 일만 가득하길 진심을 담아 빈다. 즐거운 경험은 아내 입에서 침을 튀기게 하고, 반대로 기분 나쁜 일이 있었던 날 저녁이면 내 입에서 거품이 벅적벅적 뿜어진다.

아내가 돌아왔다. 손에 맥주 캔 박스가 들려 있다. 시장바

구니가 만삭인 양 불룩한다. 나도 모르게 쾌재를 부른다. 오는 길에 사 왔다며 새우가 가득한 피자 한 판을 식탁에 올려놓는다. 일순간에 내 몸의 피가 묽어지는 것을 느낀다. 조금 있으면 아내 입에서 침이 튀겠구나!

건강하게 살아남기 위해 나는 오늘부터 공리주의자가 되어야겠다. 내 정체성의 핵심을 유지하기 위해서다. 시간의 실향민이 되어서야 어디 될법한 말인가. 선험적 경험이 지혜라니 어디 한 번 믿어보기로 한다. 기적을 믿지 않는 자는 현실주의자가 아니다. 결과가 이따위라서 그렇지 나는 지독한 현실주의자였다.

새벽에 일어나 운동하고 오니 아내가 집을 나갔다. 오스카 와일드가 한 말이다. '어떤 이들은 그들이 가는 곳마다 행복을 만들고, 어떤 이들은 떠날 때마다 행복을 만든다'고 한다. 또 그가 한 말이다. '미인을 아내로 둔 남자는 범죄자다'

콧노래를 부르며 아내 침대를 정리한다. 이제 이 집은 오롯이 나의 것이다. 물론 그리 길진 않겠지만…….

아침에 집 나간 아내를 기다리며 2

앞서 언급한 것처럼 나이가 많은 자에게 프리랜서란 곧 실업자다. 팽팽 돌아가는 젊은 친구들 치고 올라오는 데 머리에 서리가 내린 필자가 경쟁하기도 지치고, 중간 기획사나 출판사들 덤핑이란 폭력에 맞서 핏대에 콧대까지 세우다 보니 이 계통에서 고집으로 이름이 굳었다.

10여 년을 자유롭게 지내다가, 기회가 찾아와 만 10년 직장에 다녔다. 하지만 그동안 자유를 누린 것보다 엄청난 작업에 시달려야 했다. 주로 경상북도 23개 시·군(울릉도 포함)을 대상으로 답사와 취재란 명목으로 지구 둘레 약 40만 km를 두 번은 돌았을 법했다. 그래서 나온 스토리텔링 책이 20여 권이 넘는다. 150페이지부터 600페이지에 이르는 방대한 책(백서나 고등학교 100년사 같은)도 많이 다뤘다. 따라서 연말에 성과급이 두툼할 때도 있었다.

그리고 다시 프리한 몸이 되길 올해로 5년째다. 반대로 가정은 자연스레 아내 책임감이 중해졌다. 아내가 아침 6시

반이면 어김없이 일어나 밥해놓고(찌개나 국도 끓여놓을 때도 있다), 8시가 되면 말끔하게 단장 후 집을 나간다. 정신이 말짱하게 살아 있는 남편이 아니라 무관심으로 일관하는 냥이 두 놈에게 작별 인사를 한다.

침대에 누워 뒤척이다가 현관문 여닫는 소리와 동시에 스트레칭을 시작하고 일어나 침대 정리로 오늘 하루를 어떻게 보낼 것인가를 기획한다. 계획이란 일정이 바쁜 인간들이나 세우는 것, 나와 같이 늙은 프리랜서는 기획이다.

최근에는 아내보다 일찍 일어나 인근 공원에 아침운동을 나갈 때가 많다. 자전거 타기, 허리 돌리기, 상체 근육 키우기 등 대략 50분에서 한 시간 정도 하고 집에 돌아오면 아무도 없다. 버릇처럼 식탁이나, 가스레인지에 뭐가 놓였는지 확인한다.

이제부터 집은 온전히 나의 것이다. 이때 가장 반기는 놈이 귀염둥이 냥이 두 녀석이다. 물론 간식 주는 것 잊지 말라고 다짐하는 애교지만, 싫지 않다. 말을 알아듣지 못하더라도 대화를 한다. 정신 승리, 혹은 자기만족을 위해서다. 놈들 밤새 싸질러 놓은 것들 정리하고, 간혹 화장실 패드 갈고, 사료 그릇 말끔하게 씻어서 잘 말려 뽀독뽀독 소리 나는 사료를 대령한다. 집안 곳곳에 있는 물그릇도 헹궈서 신선한 물로 갈아주고 나면 허기가 밀려온다.

밥 챙겨 먹는다. '잠은 혼자 자더라도 밥은 혼자 먹지 말라'던 생전 어머니 말씀을 매번 거역하는 중이다. 씽크대가 아우성친다. 큰 냄비, 작은 냄비, 밥그릇, 국그릇, 수저, 반찬 접시에 설거지 꺼리가 넘치기 일보 직전이다. 그러나 아무리 시야가 어지러워도 순서가 있다. 집사가 아침을 먹고 나면 다음 차례는 응당 나라는 듯 큰놈 카니(12살)가 지치지도 않고 양냥거린다. 버릇도 더럽게 들여놨다.

봉지 간식 큰놈 작은놈 순서대로 하나씩 줘야 한다. 만약 반대로 작은놈 호두부터 줬다면 큰놈은 슬픈 표정으로 구석진 곳에서 앞발 바닥을 위로해 얼굴을 묻고 마치 사람처럼 움직이지 않는다. 볼 때마다 참 신기한 놈이다. 욕심도 엄청나 비싼 사료 씹지 않고 삼켜 그대로 토를 하는 경우도 있다. 이럴 때면 정말 밉다. 어쩌다 혼이라도 내면 기가 죽어 슬픈 표정으로 침대 밑에서 외면한다. 이때 반드시 안아서 가슴으로 달래줘야 한다.

오전 일과를 상쾌하게 시작하려면 밀린 설거지, 즉 씽크대 정리가 우선이다. 건조대에 있는 빈 그릇들 제자리에 찾아 넣고 난 후 공간을 확보한다. 그리고 작은 그릇부터 큰 냄비 순서에 맞게 씻어 엎어 놓는다. 아주 큰 냄비는 깨끗한 행주로 물기를 닦아 곧바로 제자리에 넣어야 직성이 풀린다. 그리고 음식물 찌꺼기 모으고, 바닥까지 박박 문지른다.

주변에 흩어진 물기마저 훔쳐낸 후 물기 하나 없는 씽크대를 보면 대번에 기분이 좋아진다. 그러나 이것이 다가 아니다. 가스레인지 주변 청소를 시작한다. 음식물이 묻어 있거나 얼룩이 있으면 물휴지로 박박 문질러 광을 낸 후 마른행주로 말끔하게 닦아야 내 마음도 빛이 나는 듯하다. 이때 음식물 파편이 튈 수 있는 뒤편 벽면도 박박 문질러 기름기를 닦아낸다. 내 마음이 이처럼 맑아야 한다는 양 정성을 다한다.

이제야 온전히 나만의 시간을 찾았다. 그런데 잠이 온다. 드립커피, 녹차를 비롯해 작두콩깍지차, 인삼 꿀차 등 건강을 위해 우려 놓은 물도 있어 시시때때로 다양하게 선택한다. 주로 잠이 올 때는 녹차, 그리고 급한 원고가 있을 때는 베트남 다낭서 사기당해 비싸게 산 커피 에스프레소를 내린다. 헤이즐넛 향이 집안에 퍼지는 이때가 참 좋다.

투 샷으로 만들어 컴퓨터 앞에 앉는다. 천천히 음미하며 메일을 열고, 브런치 스토리를 연다. 글 읽고, 추천 누르고, 댓글 달다 보면 냥이들이 옆에서 놀아 달라, 안아 달라 귀찮게 한다. 이건 뭐 완전 개냥이다. 애써 무시하고 글 창고에서 예전에 쓴 글 찾아낸다. 문화재 답사기, 세계사, 발칸반도, 역사의 현장, 수필, 수기, 르포, 별자리, 잡문으로 나눠 있다. 간혹 소설도 있지만, 이는 모든 사람이 잠든 오밤중에만 연다는 나만의 법칙을 세웠다. 글을 재차 꼼꼼하게 수정해서 포스트를 만들어 올린다. 그리고 '나무브런치보

살!' 주문을 왼다. 이 주문이 무슨 의미인지 나도 궁금하다.

대략 시간이 11시가 지나고 있다. 그 동안, 읽지 않고 쌓아 놓았던 책, 내게 가장 불만이 많아 보이는 책을 잡는다. 그리고 독서삼매경? 천만의 말씀, 생소한 지식, 새로운 단어의 조합, 도무지 깊이를 알 수 없는 철학적 문장을 메모하며 읽는 까닭에 진도가 더디다.

그러다 문득 총천연색인지, 흑백인지 가물가물하는 어젯밤에 온전히 정신을 지배당하며 꾸었던 꿈도 함께 기록하는 기염을 토하기도 한다. 밤새 털린 영혼이 온전하려면 기록하는 습관을 길러야 한다. 그리고 메모해둔 수첩을 한 번 더 읽는다. 고개를 심하게 끄덕일 때가 있다. 만족스러운 독서였단 뜻이다.

꼬르륵 소리와 함께 배가 고프다. 충성스러운 내 배꼽시계는 틀림없다. 12시가 넘어가고 있다는 뜻이다. 점심을 어떻게든 해결해야 한다. 주로 라면이나, 메밀소바, 봉지냉면, 김치볶음밥을 만들어 먹는다. 아니면 컵라면에 밥과 김치를 곁들여 간단하게 해결할 때도 있다.

간혹 반찬 남은 것에 단무지만 넣어 김밥도 말고, 유부초밥을 만들어 된장국과 해결할 때도 있다. 몇 조각 남으면 쉬이 상하지 않게 큰 볼에 아이스팩 넣고 그 위에 초밥 접시를 올려 뚜껑을 덮어 둔다. 아내가 집에 돌아왔을 때 허기를 면하라는 남편의 넘치는 사랑과 지혜다. 물론 점심 먹은 설거지는 곧바로 해치우고 마른행주로 말끔하게 물기를 닦아 원래 자리에 재워 놓는다.

주린 배를 달랜 뒤, 따뜻한 차를 우려 조금씩 음미하며 창밖을 바라보다 감상에 젖는다. 이때가 되어서야 계절이 오가는 것을 느낀다. 까치가 요란스러울 땐 혹 즐거운 소식이 있을까 가슴이 두근거릴 때도 있다.
후다닥 정신을 차린다. 그리고 반신욕(바쁠 땐 족욕으로 대신)으로 지금까지 묵은 땀과 때를 벗긴다. 이마에, 팔과 등짝에 송골송골 땀이 맺히고, 온몸이 열기로 회전을 거듭하며 살아 있는 세포가 죽은 세포를 밀어내는 아우성을 즐긴다. 냉수로 샤워한 뒤에 물기를 닦고 밖으로 나오면 이보다 상쾌할 수 없다. 세상이 달라 보이는 것은 물론이다. 이때를 허무하게 보내선 안 된다.

컴퓨터를 켜고 폴더를 찾는다. '작업중'을 열고 새로운 글쓰기, 혹은 최근에 쓰기 시작한 글을 찾아 손가락 아프게 두드린다. 머리가 팽팽 돌 때면 손가락도 신명을 탄다. 마치 피아노를 치는 것처럼 발바닥도 바닥을 툭툭 친다. 그러다 가장 흔한 단어나 용어가 생각나지 않을 때가 있다. 무리하지 않는다. 쉬라는 의미다. 다시 시선을 창밖으로 옮긴다. 젊은 아낙들이 유치원 혹은 초등학교 다니는 아이들과 삼삼오오 모여 수다를 떤다. 어떤 말이 오가는지 들리지 않지만,

정보를 공유하고, 인격을 나누며, 세상을 더욱 아름답게 만드는 중이리라. 참 예쁜 사람들이다.

정신을 차리고 2000년대 초반부터 글을 쓰기 시작하면서부터 문장을 노략질해 놓은 초서(抄書)를 연다. A4용지에 글자 크기 10포인트, 500매가 넘는 자료가 잠언, 논어를 비롯한 철학, 영화 명대사, 버리기 아까운 문장, 다산연구소, 한국고전번역원, 순우리말, 인물, 종교, 민속, 신화, 지리, 서적 등 테마별로 정리되어 있다. 검색엔진을 돌려 비슷한 문장이나 정보를 찾아 요리조리 비틀어 온전한 내 것으로 만든다. 연암 선생이 '글항아리'라고 했고, 미국 작가 스티븐 킹이 '연장통'이라고 했으며, 다산 선생이 초서라 하였다.

나는 책을 읽거나 영화를 볼 때도 메모하는 습관을 길렀다. 메일 중에서도 기억해 둘 만한 문장이 있으면 메모해 두곤 한다. 한 줄의 메모가 아인슈타인의 머리를 능가한다는 진리를 맹신한다. 그리고 일주일을 모아서 초서에 기록해 두고 있다. 정말 답답할 때 최고의 해결책이다. 예전에 읽었던 책과 문장이 떠오를 때가 있어 스스로 대견해할 때도 있다. 아니면 어느 책에 이와 비슷한 내용이 있음을 확신 들 때도 있다. 그 책을 찾아 원하는 정보가 들어 있어 틀리지 않았음을 기뻐한다.

벽시계가 오후 4시를 넘기고 있다. 이때 가장 갈등이 심하다. 친구와 약속을 정할 것인가? 아니면 단골 막걸릿집으로 직행? 시기에 따라 출판사나 기획사 방문도 가능하다. 흐르는 물을 바라보며 걷기운동 역시 좋아하는 코스다. 아니면 서로 동선을 연결해서 마지막은 막걸리로 해갈하는 방법도 있다. 그날의 기분과 생각과 판단에 맡긴다. 그리고 날씨를 확인하고, 옷을 선택하고, 패션을 완성한 후 전신 거울에 서서 살아 있는 온전한 나를 본다.

걷기, 하루 5천 보는 걸어야 성이 찬다. 내 동선이 모두 걷기 영역에서 크게 벗어나지 않아서다. 물론 집으로 돌아올 때도 걷는다. 요구르트 섞어서 막걸리 한두 병, 아니면 놋그릇 왕대포 석 잔이면 만족한다. 다음날 장운동이 무척 활발해지기 때문이다.

그리고 7시 반을 넘기지 않고 집에 들어와 목을 빼고 능청을 떤다. 하루 종일 기다린 것처럼….

▷ 저녁은 어떻게 해결하는가? 밥솥에 밥이 남아 있으면, 김치찌개나, 미역국을 끓이든가 아니면 주로 양념이 된 돼지고기를 굽는다. 간혹 치킨을 시켜서 먹을 때도 있고, 아내가 맥주 안주에 딱 맞는 피자를 들고 올 때도 있다.

삑사리

음악이 삶에 잊혔던 리듬을 깨우쳐 주었다. 여러 명이 함께 곡을 연주한다는 따위의 생각은 살아오면서 상상도 하지 않았다. 세월에 인생이 지배당하기 시작한 요즘, 정신도 따라서 삭막해지는 터라 더 진하게 느낀다. 나에게도 음률의 끼가 어느 정도는 잠재되어 있음을 확인하면서 나도 놀랄 때가 있다.

인연은 그분과의 만남에서 시작되었다. 지금도 별반 다르지 않지만, 여리고 연약하기만 한 영혼이라 삶이 지독히도 서러울 때가 있었다. 자기연민에 빠져 혹독한 절대고독을 받아들이며 삶과 대립한 채 버티고 있었다. 지친 영혼이 육체를 떠난 것처럼 정적만이 모두였다. 그때 십년지기인 양 성큼성큼 다가와 손을 내밀어 준 분이 있다.

가느다란 인연의 끈이 핑계였다. 그리고 금쪽같은 시간을 오롯이 양분해 줬다. 까닭도 조건도 없는 너털웃음에서 가슴에 돋았던 설움의 가시는 그 의미를 잃고 말았다. 웃기는 일이었다. 전화를 기다리는 날이 많아지면서 깨달았다. 그간의 아픔이 환상이었고, 고통이 신기루였다. 진정 마법사다. 나보다 나를 더 나답게 보아준 이상한 눈을 가진 분이 분명했다. 그가 바로 40여 년 가까이 작은 출판사를 꾸려가다 몇 해 전에 작고한 구담(龜潭) 선생이다.

그리고 그분으로 인해 몇몇 인연을 더 맺을 수 있었다. 제각각의 인연부터 어디서나 볼 수 없는 참 특이한 성격을 지닌 사람의 모임이다. 하루 종일 말 한마디 없이 입을 꾹 다물고 있어 꾹담, 그와는 반대로 입이 잠시도 쉬지 않아 만담, 너무나 사랑스럽게 팬플룻을 불어 주변을 압도하는 예술인 예담(모임 중 유일한 여자분), 그리고 환갑 진갑 다 지난 나이지만, 가장 어리다고 필자가 청담(靑潭)으로 불리었다.

구담 선생이 작고하기 전 소설가, 시인, 팬플룻 연주가, 수필가 등 다섯이 모여 화합의 연못이 되었다. 그리고 막걸릿잔 앞에 놓고 세상사 이야기에 시간 가는 줄 몰랐다. 물론 모임의 좌장은 인공청소기라는 새로운 별호를 획득한 구담 선생이었다. 주변의 모든 사람을 흡수해 자신의 품으로 끌어들이는 탁월한 능력을 갖췄기 때문이다.

그랬던 구담 선생은 매화꽃 필 무렵 생을 마감했다. 온전한 봄이 채 오기도 전에 가버렸다. 돌이켜보면 어떤 인연이 끝자락을 잡고 있어 이별을 경험케 하는지 도무지 알 수 없지만, 황사 바람만 불면 귓가에 맴도는 음성이 언제쯤이면 사그라질지 걱정하였다. 해마다 환청처럼 울려댈 연분홍 치마가락을 어쩌면 좋을까. 심판의 날을 기다리면서도, 모든 생명은 죽음에 포섭된다는 진리를 믿으면서도, 두려워하지 않았음을 안다. 인생 2막이라며 좋아했는데, 모진 운명에 순응하면서 꽃마차 타고 떠났다. 생전에 준비하던 묶음이 유고집이 되고 말았다. 벌써 햇수로 3년이라니 실감이 나지 않는다. 그분 음성도 기억도 세월에 유린당하는 중이리라.

이 말을 하려고 시작한 게 아니다. 구담 선생의 부재로 인해 남은 우리 4담의 결속력이 느슨해질 때였다. 가고 없는 빈자리가 허전해 의기투합, 연주단을 발족하였다. 뭐 그렇다고 오케스트라처럼 거창한 것이 아니라, 팬플룻, 기타, 색소폰 혹은 리코더나 에어로폰(전자 색소폰), 그리고 필자가 유일하게 흉내라도 낼 수 있는 하모니카가 화음을 이루기 시작하였다. 이름하여 '빽사리 연주단'이다. 영어로 Big, 넷의 선비가 모여 사(士, 四), 그리고 다스릴 '리(理)'로 해석하면서 우리는 웃었다. 그리스 시대 신탁도 어떻게 해석하느냐에 따라 승패를 좌우했듯 말이다.

팬플룻 예담 선생은 후학을 양성하면서 전국 콩쿠르 대상을 시작으로 각 지역으로 공연을 초대받아 다니는 특급 프로이니 더할 나위 없다. 그리고 소설가가 구성지게 불어대는 전자색소폰은 수준급이라 당장 거리공연을 하더라도 손색이 없다. 통기타도 그럭저럭 화음을 맞추는 데 문제는 필자가 부는 하모니카가 늘 삑사리, 즉 음 이탈을 일으켜서 진도에 발목을 잡곤 한다. 포기 할까 했지만 이분들의 응원 덕분에 그럭저럭 자리를 차지하고 있다.

격주로 금요일 저녁에 모여 연습에 몰두하다 보면 두세 시간이 훌쩍 지나기 일쑤다. 그리고 늦은 저녁을 반주와 함께 해결하면서 다음을 기약하기도 한다. 먼저 가신 분 이야기도 빠트리지 않는다. 그분이 아니었다면 제각각 남남으로 얼굴도 모른 채 살아가고 있었을 무심한 인연들의 모임이니 말이다.

하모니카에 가장 일반적이며 기본이 되는 C키, 긴 리드로 낮은음과 구성진 울림을 주는 G키, 그리고 제일 짧은 리드를 가진 F키 하모니카도 마련하였다. 그러나 마음처럼 쉽지 않다. 악보를 설렁설렁 익힌 터라 음을 완전히 이해하기 전에는 따라가기 벅차다. 그나마 익숙한 곡이나 한 번쯤 들어본 음일 경우 기억에 악보를 덧대어 열심히 불긴 하는 데 박자를 놓치는 경우는 물론, 이것도 나이라고 숨이 가빠 리듬을 채우지 못할 때가 있어 죄송하기만 하다. 그럼에도 불구하고 그날이 기다려진다. 사람이 좋아서고, 시간이 좋아서고, 음악이 좋아서이며, 뒤풀이가 신나기 때문이라 생각한다.

하모니카는 내 어린 시절을 소환했다. 나에게 하모니카와 인연을 맺어준 형 친구가 있었다. 매월당 김시습이 오세신동이라고 하더라만, 필자 또한 어린 시절에는 신동이라 불리었다. 만 여섯 살 나이에 초등학교에 입학하였으니 말이다. 그러나 아버지 기대에도 불구하고 잠시도 가만히 있지 못하는 정서불안(?) 장애였던 듯하였다. 사정이 이러하니 공부는 뒷전, 뛰어노는 데 정신이 팔려 집안을 실망시켰다. 그럭저럭 버티며 초등학교 삼 학년이 되었다.

둘째 형 친구가 서울에 다녀오면서 나에게 선물 하나를 건넸다. 처음 만져보는 하모니카였다. 이때부터 나와 하모니카는 한 몸이 되었다. 여름밤, 마을 텃밭이나 학교 담장 위에 올라가 반짝이는 별빛 아래서 동요를 불렀고, 마당 끄트머리 능금나무 가지에 나무 의자 걸쳐놓고 먼데 읍내를 바라보며 시간 가는 줄 몰랐다. 그렇게 하모니카는 내게 들어왔고, 세월이 흐르면서 그럭저럭 잊히어 갔다.

결혼하고, 시골집에서 내 물건을 옮겨오면서 하모니카가 어느 품에 숨어서 따라왔던 것이다. 인연이 필연으로 변하는 순간이었다. 책상 서랍에 고이 모셔둔 빨간 통 속의 하모니카는 새로운 하모니카를 구매하면서 이제 고물이 되었지만, 버릴 수 없었다.

음악의 3요소 선율과 화음, 리듬 혹은 장단이 있다. 선율은 긴장을 풀어준다고 한다. 그리고 화음에서 편안함과 포근한 감정을, 리듬이 주는 역동성이 심리적 안정감을 준다고 알려져 있다. 쉽게 동화되고, 인간 관계를 어울리게 하며, 서로 다른 소리로 하나를 나타내는 이 조화로움이야말로 내 본래의 참으로 돌아가게 하는 유일한 것인지도 모른다.

미래 불확실성의 시대에 불안이 주는 우울함을 건강한 혈맥으로 뛰게 하는 음악에 오늘도 빠져볼까 한다. 더 로즈, 라스트 모히칸, 어매이징 그레이스, 넬라 판타지아, 별빛 같은 사랑, 오빠 생각, 반달 등 속속들이 리듬과 선율 음과 뜻에 새로운 화음이 내 삶에 보약처럼 스며드는 경험을 한다.

인간과의 인연이란, 서로 목표하는 바가 다르고, 이해하는 능력과 감성 또한 차이가 나더라도 대화보다 장단으로 교감이 통한다면 세상에서 가장 친한 친구가 될 수 있음을 알았다. 그러한 삶의 선율에서 무엇과도 바꿀 수 없는 행복을 느끼고, 마음의 상처에 새살이 돋아날 수도 있음을 알았다. 하모니카를 챙기며 사뭇 지칠 수 있는 황혼에 물들어 가는 내 삶을 리듬으로 갈무리한다.

인생은 리듬을 타고

어쩜 저렇게도 아름다운 선율을 담아낼까. 팬플룻을 부는 윗입술이 마치 인형이나 애니메이션 속 영상 같은 느낌이 들어서 나도 모르게 따라 하다 미소 짓게 된다.

유튜브 영상에서 남아메리카 아마존 인디언들에서나 불 듯한 엘 콘도르 파사, 외로운 양치기를 비롯해 영화음악 황야의 무법자, 이선희의 인연 · 아름다운 강산 등의 연주는 너무나 쉽게 해버려 입을 다물지 못하게 한다. 연주가 끝난 뒤 뒤따르는 여운은 그야말로 환상 가득한 환희로 가슴이 울렁댄다. 주눅 든 인생을 되살리는 진정한 마법사다.

예담(藝潭)김애경 선생은 교직에 오랫동안 있었다. 언제 퇴직한 것인지는 베일에 가려 있지만, 몇 다리 건너면 평소 필자와 인연이 있는 분도 연결이 되는 것으로 보아 대구에서 대학교를 마친 듯하다. 올해로 나이가 70세가 넘었으니 진정한 노년의 삶을 보란 듯 즐기는 중이다. 그리고 호탕한 웃음소리는 상대와 간극이 없음을 스스로 밝히는 의미로 해석

한다. 필자와의 연연은 앞서 '삑사리'에서 밝혔듯 구담 선생이 생을 마감하면서 선물로 안겨주었다는 것을 지울 수 없다.

그녀가 팬플룻과 만난 지 십여 년이 훌쩍 넘었다. 한 우물을 십 년만 파면 그 분야에 일가를 이룬다는 말을 믿지만, 그렇다고 아무나 이룰 수 있는 게 아니다. 팬플룻에 대한 그녀만의 남다른 애착, 감히 상상도 하지 못할 보이지 않은 곳에서 고독한 연습의 기간을 결코 간과해서는 안 된다는 뜻이다. 홀로만의 지하실 연습장에 몸을 숨겨 악보와 리듬과 소리에 전력투구하는 그녀를 보면 불가의 가릉빈가 같다는 느낌이다. 천상의 미음조(美音鳥) 소리를 듣노라면 마치 석탑이나 승탑, 대웅전 불단에 새겨진 가릉빈가의 춤사위도 떠오른다.

어쩜 마땅한 일이다. 전국 콩쿠르에서 대상을 시작으로 다양한 상을 휩쓸면서 작지만 자신만의 공간을 만들어 떠밀리듯 후배들을 양성하고 있다. 전국 지방자치 단체 초청 공연은 이제 그녀의 직업처럼 되어 버렸고, 거리공연은 일정 맞추기도 힘든 인사가 되었다. 지역문화진흥원에서 주관해 '실버마이크', 즉 60세 이상 예술가를 대상으로 각 지역에서 활동하는 자원을 뽑아 팀을 구성하였다. 그녀가 경상권 대표로 '대구스트릿컬쳐팩토리'란 이름으로 주목을 받는 까닭도 결코 우연이 아니란 뜻이다. 문화가 있는 날이면 어김없이 그녀의 팬플룻과 색소폰 연주를 들을 수 있다.

각설, 필자가 아름다운 그녀의 선율에 반해 나도 할 수 있지 않을까? 라며 자라 꼬리만큼도 의심하지 않은 채 팬플룻에 도전했다. 그러나 시간이 없다는 핑계로 그녀의 질타를 받기도 하였다. 하지만 의외였다. 처음 입술을 대는 순간 소리를 낼 수 있는 사람은 드물다는 칭찬에 할 수 있다는 마음을 다졌지만, 여전히 애착은 열정의 시작이었다. 일 년 뒤로 미뤄둔 것이 벌써 삼 년째다.

그리고 올해 3월부터 하모니카로 그녀와 합주하는 영광을 가졌다. 그녀 리듬에 얼추 따라 할 수 있다니? 그녀의 칭찬이 하모니카에 힘을 실어 주었다. 그녀 연습실에서 화면과 악보를 보며 리듬으로 화음을 맞추는 즐거움은 이제 내 삶의 보약과도 같은 시간으로 변화되었다. 그리고 가끔 추임새처럼 던지는 그녀 잔소리가 날 일취월장하게 하는 음악이었다.

그랬다. 남다른 노력은 그녀를 더욱 그녀답게 만들어 주었고, 주변을 리듬으로 아름다움을 번지게 하는 마력 같은 힘이 생겨났다. 종교보다 아름다움이 세상을 지배하는 그날, 그녀의 노력이 더욱 큰 찬사를 받으리라. 자신에 대한 관점을 바꾸지 않았더라면 그녀 역시 세월에 속절없이 유린되어 지금의 자신은 상상도 하지 못했을 법하다. 우리는 경험을 통해 배우지만, 그 뒤에는 꼭 자기반성이 뒤를 따라야 함을 잊어선 안 된다.

'윤형방황'이란 말이 있다. 눈을 가리고 걸을 때 아무리 똑바로 걸으려 노력하여도 결국 원형을 그리며 제자리를 뱅글뱅글 도는 것을 일컫는다. 밀림이나 사막에서 종종 조난자에게 발생하는 현상이다. 이를 벗어날 방법은 두 가지가 있다. 첫째가 곁눈질하지 않고 앞만 바라보며 성큼성큼 걷는 것이다. 그리고 둘째, 가다 서다를 반복하면서 주변을 확인하며 걸으면 된다. 인생도 이와 비슷하다 할 것이다. 목표를 향해 열심히 달려왔지만, 결국 제자리에 머무는 삶이라면 인생은 그야말로 허무가 아닐까.

노년의 삶이라 부르지 않고 황혼의 인생, 즉 인생에 있어 저물녘에 보여주는 황홀한 노을은 최선을 다한 자에게만 허락되는 환희다. 스스로 세월에 어쩔 수 없다는 타성에 젖어 눈을 가리는 우를 범하지 않아야 진정한 삶의 매듭을 맺을 수 있다. 나이 들어가는 맛의 황홀함을 느끼기 위해선 내 얼굴에 책임을 져야 한다.

나이가 들면 내 몸에 내가 사정할 때도 있다. 그러나 마음이 편한 것이 제일이고, 이것이 정직함이며, 성실한 하루를 보낼 때 행복은 저절로 따라옴을 안다. 지난 과거의 상처가 파편이 되어 가슴을 찌르더라도 늦지 않았다. 열정이 없는 사람은 꼼짝하지 않고 마냥 바람이 불기만을 기다리는 배와 같다.

그녀를 떠올리며 공자의 말로 마무리하고자 한다.

"온화하면서도 엄했으며, 위엄이 있었으면서도 사납지 않았고, 공손하면서도 편안했다."

나는 믿는다. 인간은 환경의 지배를 받는다. 그러나 역으로 그 상황을 지배할 수도 있다는 사실을. 경험을 켜켜이 쌓아두고도 상황을 지배할 수 없다면 실패한 인생이다.

꾹담, 七十而從心所欲 不踰矩

돈 없고, 빽 없고, 나이 많다고 좌절한다고 해서 내 남은 인생이 해결되지 않는다. 좌절이란 도피처가 아니라, 패배자의 멍에만 덧씌울 뿐이다. 거대한 자석에 속절없이 끌려가더라도, 그때가 언제인지 몰라도 남은 내 생은 오롯이 나의 것이다.

필자 주변에 70세가 되어서 100세 가까운 노모를 홀로 모시다 얼마 전에 이별한 꾹담 서웅교 선생이 있다. 여전히 어머니와 단둘이서 화투 치며 토닥토닥 다툼하던 때를 그리워 눈앞이 흐려진다는 그다. 장난치듯 일부러 투정도 부리고, 삐치기도 하면서 어머니를 어머니답게 기억의 끈을 놓치지 않게끔 애를 쓴 그때가 이젠 추억이 되었다.

앞서 밝힌 것처럼 입이 무거워 꾹담이란 별호를 얻을 만큼 행동이나 말이 진중하다는 의미다. 인공 관절을 넣고 난 후 컨디션 조절이 불가능한 날이면 인공지능이 착각한 것처럼 무릎이 제 혼자 덜거덕대니 건강도 별로 좋은 상태가 아니다. 물 많이 마시란 정보를 믿고 실행에 옮겼다가 소화불량에 걸린 적도 있어, 음식조절을 필수인 선생이지만, 위 건강을 위해 노력과 미소를 포기하지 않았다.

결론부터 말하면 필자가 가까이 다가가기에 무척 어렵게 느끼는 분이다. 그러나 진솔하고 예의의 말에 저절로 우러난 존경하는 마음도 크다. 이유가 또 있다. 건강을 비롯해 절대 평범하지 않은 삶의 환경이지만, 단 한 순간도 행복을 추구하려는 애정과 인연의 끈을 놓지 않았다. 긍정의 기제가 더할 수 없이 지혜로 작동되었던 까닭이다. 마치 노년의 교범 같은 삶을 즐기며, 주변의 주어진 환경을 행운으로 만드는 마법을 쉬이 부리는 중이다.

그는 책을 몇 권이나 발간한 소설가다. 모 공모전에서 대상을 비롯해 입상 경력만큼 문장을 다루고, 문학적 장치를 묘하게 깔아 혀를 두르게 한다. 그의 능력은 여기서 그치지 않는다. 타고난 재능이 남다르다 생각하지만, 무엇보다 선천적 부지런함이 그를 그답게 만들어 주고 있다.

수필은 당연하고, 시(詩)의 영역도 쉬이 넘나들어 필자를 부러움에 떨게 한다. 아무나 따라 할 수 있는 게 아니다. 그만큼 깊이 있는 사색을 즐기고, 주변의 것들을 예사로이 넘기지 않으며, 생활 철학에 인생관을 대입해 철저하게 나를 다독이는, 도덕성 충만한 인성을 지니지 않으면 힘든 일이다.

그리고 무엇보다 음악을 사랑하고, 삶에 리듬을 살려서 하루를 스스로 행복의 시공으로 결론 맺는 데 있다. 앞선 내용처럼 필자와 '삑사리' 멤버로 한 달에 두세 번은 몇 시간씩 보내니 스스로 즐겁다.

꽹과리는 물론, 북과 장구까지 두루 섭렵한 그다. 그리고 전자 색소폰 에어로폰과 리코더, 기타는 나 홀로 독학으로 전문가의 경지에 이르렀다. 악보만 들이대면 어떤 리듬이든지 조자룡 헌 칼 쓰듯 한다. 다른 것은 차지하고서라도 필자가 이것만큼은 부러워 미칠 지경이다. 내심 질투에 서린 불만을 터트리지만, 이제는 허공의 메아리라 생각하며 포기하였다. 천재를 대적하는 방법은 그냥 앞서가게 두면 된다며 자위한다.

그리고 우리 민화에도 일가견이 있다. 언제 배운 솜씨인지 도무지 알 수 없지만, 척척 따라 그려내는 솜씨가 예사롭지 않다. 이렇게 보면 하늘이나 신은 공평하지 않다는 것을 증명하고 있다.

출력을 위해서는 입력이 필수인 것처럼 목표가 정해지면 도달하기 전에는 포기를 모르는 의지를 지녔다. 나는 그것을 일러 지혜에 덧댄 노력의 결과물이라고 정의한다. 무턱대고 시간을 투자하는 것이 아니라 요령 있게 지혜를 발휘한다는 뜻이다.

꽹과리는 스승이 치는 모습을 영상으로 담아 집에서 따라 할 때까지 연습한다. 물론 주변이 시끄럽지 않게 수건으로 앞을 덧대어 손목이 아프다고, 제발 봐달라고 아우성칠 때쯤 손에서 놓는다. 아마도 이쯤 되면 잠자리에 들어서도 꿈도 꾸지 않을까 상상할 뿐이다.

이제는 한술 더 떠서 70대 노년의 삶을 멋대로 즐기자는 듯 춤에 흠뻑 젖어 빠른 템포로 하루를 쪼개며 생활하는 중이다. 처음 춤을 배운다는 말을 듣고 도무지 상상되질 않았다. 큰 키에 무덤덤한 표정을 그려보았지만, 형상화에 실패하면서 결국 웃음으로 날렸다. 그러나 몰라도 너무 몰랐다. 그의 의지와 노력이 그냥 두지 않았던 것이다. 하모니카 한 가지도 헉헉대며 발버둥 치는 필자와 비교했을 때 진정 들숨날숨이 가빠지는 경험을 한다. 그의 비밀은 성실과 노력이 유일한 신앙이란 사실이다. 무엇이든 어떤 노력의 대가 없이는 이룰 수 없다는 것을 증명하였다.

최근에 그가 즐기는 춤도 마찬가지다. 지르박, 탱고, 블루스도 같다. 학원 선생이 보여주는 동작을 영상에 담아 연습하는 것을 잊지 않는다. 바닥에 발 모양을 그려 놓은 뒤 순서에 맞게, 그리고 몸동작을 익히며 허리의 유연성을 익히는 법도 놓치지 않는다. 이렇다 보니 하루가 짧기만 하다며 즐거운 비명을 지른다. 진정 인생 2막을 즐기는 대표적인 노년의 거울 같은 삶이다. 이제 현장실습(?)에 나서 낯선 여인의 손을 잡고 삶에 리듬을 불어넣듯 자신감에 찬 춤사위도 평범함을 넘어섰다.

인성도 농익어 숙성된 맛을 지녔다. 그가 형님이라 부르며 따르는 분이 한 분이 있다. 그가 속한 풍물단 단장인데, 80대 중반을 바라보는 그를 친형처럼 챙긴다. 그가 쓴 자서전 원고를 다듬는 일도, 목욕시키는 일도, 병원을 데려가고 오는 일도, 생면부지 피 한 방울 섞이지 않는 꾹담 선생이 동행한다. 그분 역시 꾹담 선생이 편하다며 호출이 잦은 듯하다. 그렇다고 한 번도 싫어하는 내색을 하지 않는다. 나를 필요로 하는 분이 있다는 것을 너무나 행복해하는 것 같다. 누가 시켜서도 아니다. 스스로 예의 바른 생활이 몸에 익어 즐겁다. 가까이서 건강을 걱정하고, 음식을 염려하면서 황혼의 삶에 진정한 환희로 보답하는 듯하다.

'나이가 들어서, 몸이 아파서, 가슴에 상처가 많아서, 경제력이 부족해서, 만사 귀찮아서' 이따위 말은 인생에서 사치다. 이 모두 과거를 부정하는 단어이다. 비록 피해나 상처, 혹은 폭력이 동반된 과거라 하더라도 반전의 시간은 충분할지도 모른다. 내 삶의 종심(從心)은 낡아서 빛바랜 것이 아니다. 포기하는 순간 생명을 반사하는 에너지가 순식간에 사라질 수 있다.

꾹담 선생을 보면 스스로 마음과 정신을 밝게 염색해 내 속에 생명체가 살아 꿈틀댄다고 증명하려면 지금 당장 무엇이든 시작하라고 한다. 글쓰기, 자전거 타기, 노래 부르기, 난타, 풍물단, 하다못해 봉사를 받아야 할 입장이라 할지라도 자원봉사단에 기웃거려 보라. 단언컨대 나도 모르게 삶의 가치가 저 위에 가 있을 것이다. 단순히 재능뿐만이 아니다. 품격도 드높아 추상적 가치, 즉 사랑과 행복을 위한 열망이 식는 법이 없다.

인간은 태생적 한계를 극복하는 순간 삶의 가치가 높아진다. 따라서 생각에 따라 처한 상황에 맞춰 인생의 목표를 뚜렷이 한다. 목표에 도달하기 위해 노력하면 유전자 GENE이 그 방향으로 변화된다고 한다. 자동유도장치가 작동하기 때문이다. 목표가 실현될 때까지 늙지도, 병이 들지도, 죽지도 않는다니 목표가 곧 삶의 가치라는 뜻이다.

'무엇이든 하고 싶은 대로 하여도 법도에 어긋나지 않았다' 칠십종심소욕불유구(七十而從心所欲不踰矩), 나이 70세에 삶을 즐기는 모습은 어쩜 도심의 신선 같은 여운을 남기기도 한다.

나도 그 나이가 되면 가능할까. 목표가 있고, 희망을 잃지 않는다면 늙지 않는다는데 정말 그럴까. 내 미래가 그분으로 인해 궁금해지기 시작하였다.

답사도반

보편적 지식도 중요하지만, 살면서 몸소 체득하여 얻은 지혜로써 인생 황혼의 삶을 풍성하게 살아가는 노년이 멋있다.

시골 농부나 건설 현장 노동자의 갈라진 손바닥에서, 우연히 길에서 만난 할머니 한숨 속에서 더 소중한 가르침을 얻을 수 있지 않을까. 생각보다 스승은 아주 가까운 곳에서 기다리고 있는지도 모른다.

내 마음에 즐겁고 행복한 리듬을 타고 과거를 돌아보게 하는 스승이 셋이나 있다. 더 많을 수도 있겠지만, 구태여 구성하면 그렇다는 뜻이다. 더 할 것도 없이 방송통신대학교 문화교양학과 교수를 지내다 몇 해 전에 퇴임한 송찬섭 선생님을 가장 먼저 꼽는다. 창고에 먼지만 가득 쌓여가던 역사의 현장과 문화재 답사 원고를 대번에 알아봐 주시고, 출판사를 소개해 세상에 얼굴을 내밀게 하였다.

방송대학TV에 출연하게 하는가 하면, 직접 '역사의 현장' 과목 집필과 동시에 강의를 맡겨 새로운 경험을 쌓게 해준

일은 내 인생의 터닝 포인트다. 잔잔한 음성, 따뜻하게만 다가오는 눈매와 마치 어린아이와도 같은 미소는 순식간에 무장해제 시키는 마력이 있다.

다음이 고등학교 일 학년 시절 홍O선 선생님이다. 홍 선생님은 고1 때 담임이자 수학 담당 교사였다. 앞선 원고 '그리고 감정이입'에서 짧게 언급한 것처럼 수학에 젬병인 터라 시험시간 답안지에 해답 대신 장문의 글을 남겼다. 미술대학을 희망하는 나는 수학보다 미술 실기에 더 매진해야 한다며, 저의 순수한 꿈을 무지막지하게 매로 다스리지 말라고 적어서 제출하였다. 다음날 매 맞을 각오 하고 등교하였다. 그러나 네 놈은 미술대학보다 국문과에 가야 한다며 응원하던 선생님, 이죽이죽 잇몸을 드러내며 웃던 모습이 유난히 그립다.

그리고 2002년부터 역사의 현장과 문화재 답사를 다니면서 내게 문화재를 보는 안목을 키워준 임병기 형이다.

지금부터 미친 듯 전국 돌며 역마살을 즐기는 임병기 형에 대해 말하려 한다. 경북 성주가 고향인 그는 필자보다 세 살이 많다. 그를 처음 만난 건 다음(Daum) 인터넷카페 《아름다운 오류》에서다. 문학카페에 우연히 발을 디딘 나는 그곳에서 '저 산길 끝에는 옛님의 숨결'이라는 장문의 문패를 단 방을 알게 되었고, 그곳에 자신이 발품 팔아 다녔던 역사의 현장 기록을 접할 수 있었다. 집성촌, 불교 문화재, 궁궐,

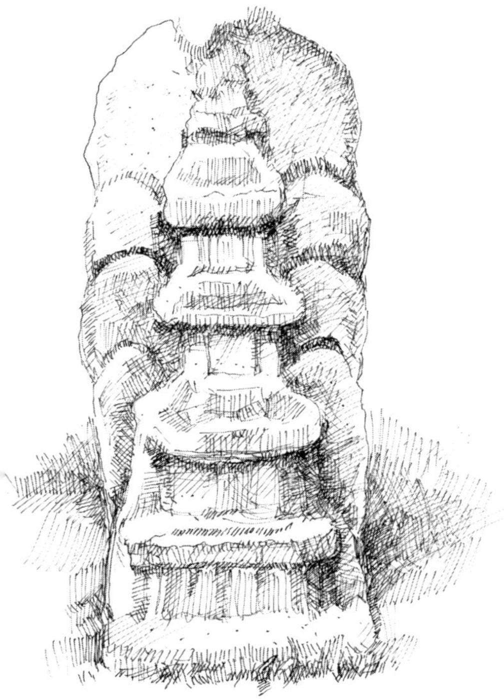

고택 등 다양한 방면을 재밌게 엮어서 풀어 놓은 답사기였다. 역사와 문화재에 호기심이 많았던 터라 금방 빠져들었고, 시간이 나면 그곳에 늘려 있는 자료를 찾아 읽곤 했다.

그리고 그가 나와 같은 도시에서 살고 있다는 사실도 알게 되었고, 생면부지 우리는 처음으로 답사를 함께 할 기회가 생겼다. 내게는 진정 가슴 뛰는 날이었다. 20년이 넘었지만, 지금도 기억이 머릿속에 생생하게 남아 있다.

2002년 늦가을, 노란 은행잎이 작은 바람에도 흩날리던 날이었다. 겨울을 재촉하려는 듯 비가 오락가락, 하늘은 아침상을 물리친 시어머니 낯짝처럼 거무튀튀하게 내려앉았다. 우리는 추위를 뚫고 대구 옥포 용연사, 남평문씨 세거지, 도동서원을 둘러보았고, 그의 지식을 내 것인 양 흡수하였다.

인연은 그런 것, 첫 구슬을 잘 꿰었으니 다음부터는 주말 행사처럼 변해갔다. 우리는 헤아릴 수 없이 역사의 현장과 문화재를 찾았고, 주로 나는 그의 지식을 빼앗아 먹는 형식이었다. 그 사이에 필자보다 몇 살 아래 유현이라는 호를 쓰는 아우님을 알게 되었다. 우리 셋은 날을 넘기면서 답사지와 역사의 현장에서 즐거움을 만끽하게 된다. 잡다한 잡학사전 같은 임병기 형은 역사와 민속, 풍수와 사찰, 석탑과 불상까지 두루 섭렵한 말 그대로 재야의 고수다.

그리고 유현 아우는 동양철학을 전공한 인재다웠다. 불교문화를 비롯해 종교와 세계사까지 문화사를 통달해 지식이 끊이질 않아 속칭 '거미똥구멍'이란 별호까지 덤으로 얻게 되었다. 장돌뱅이 필자야 역사는 물론 문화재 지식이 일천한 터라 미적(美的) 접근이 가장 쉬웠던 까닭이다. 따라서 계절과 날씨와 시간에 따라 변화하는 불상과 석탑, 그리고 초가와 고택들을 한 폭의 작품으로 바라보며 즐기는 것에 만족하였을 뿐이다. 답사와 관련해서는 지면상 더 언급하지 않기로 한다.

임병기 형은 1970년대 중·후반 대학 때부터 답사를 다녔으니 답사 공력이야 대한민국 문화답사 1세대라고 해도 과언이 아니다. 그리고 졸업 후 이름만 대면 다 알 수 있는 대기업에 입사해서 한 직장에서 퇴직하게 되었으니, 그의 성실성이야 꾸미지 않는 본질을 떠올리게 한다. 서울 유수의 명문대를 졸업한 입사 동기들과 승급 경쟁을 포기하면서 공존이 가능해졌고, 틈틈이 역맛살을 즐길 수 있었던 것이다. 최고를 포기하자 그 스스로 작품이 되어갔던 것이다.

그리고 최근에 임병기 형이 한 권의 책을 출간하게 되었다. 그의 사전에 책을 낼 계획이 없었던 것인지 알 수 없으나, 평소 입버릇처럼 그냥 즐기면 그만이라는 그의 답사 철학에 미루어 한 권의 책이 세상에 얼굴을 드러내기까지 주변의 입김이 큰 몫을 했을 것이리라. 그런데 하필이면 책 표제가 《마애부도 · 마애탑》일까? 부재를 보면 '윤회(輪廻), 그리고 피안(彼岸)의 세상을 꿈꾸다'이다. 이 책은 답사라는 낱말이 대중화되기 이전부터 우리 문화재가 그냥 좋아 민속 문화에서 시작해 방방곡곡을 헤맨 흔적의 조각이다. 출판사 책 소개말을 인용한다.

—저자는 자신의 일기장을 공개하듯 그동안 써놓은 6천여 편의 답사기 중 일부 주제를 택해 세상에 내놓는 첫 조각이다. 지금까지 동일 주제로 발간된 적이 없는 우리나라 '마애부도와 마애탑'만을 모아서 엮었다. 전국 산천을 찾아다녔던 답사 과정이 쉽지만은 않았다. 목숨이 위태로웠던 고비도 넘겼고, 무려 여섯 번 발길 한 후에야 확인할 수 있었던 부도(浮屠)도 있었다. 전국에 분포한 마애부도의 특징, 양식, 명칭, 주인의 신분, 조성 시기, 분사리(分舍利), 문화재

지정 여부 등의 현황을 집계하였다. 그리고 서울, 경기, 강원, 충청, 전라, 경북, 부산, 울산, 경남 순으로 지역에 분포한 마애부도와 마애탑을 구체적으로 펼쳐놓았다.–

6천여 편의 답사기라니? 그리고 여섯 번이나 한 곳을 찾는 그의 악착같음, 나는 이 대목에서 혀를 내둘렀다. 이미 시중에는 유홍준 전 문화재청장을 비롯해 답사기와 여행기, 문화재와 역사의 현장 등과 관련하여 고만고만한 책들이 엄청나게 많이 출간되었다. 그래서 택한 것이 아무도 다룬 적이 없는, 그러면서 문화재 답사를 즐기는 사람들이 좋아할 마애부도와 마애탑만을 모아 한 권의 책으로 엮었던 것이다.

임병기 형을 좋아하는 이유가 또 있다. 그는 우리 것이라면 편식하지 않는다. 종교의 유무를 떠나 역사적 접근과 사연에 귀를 기울이기 때문이다. 남다른 애정으로 오랜 세월 우리네 옛것을 찾아다니면서 역사의 현장, 석탑, 불상, 사찰, 폐사지, 집성촌, 고택, 누정, 서원, 향교, 궁궐, 성당, 교회 등 보고, 느끼고, 알아가고, 즐기면서 지난 사연에 자신을 대입해 살아왔다. 참 남다른 애정이다. 누구나 할 수 있으나, 아무나 할 수 없는, 그야말로 답사란 혼령이나 신이 있다면 아마도 그와 함께 장단을 맞추고 있을 법하다.

나는 그가 여전히 부럽고 또 존경스럽다. 자투리 시간만 나도 훌쩍 떠나 옛것과의 대화를 나누는 그를 보고 있노라면

돌로 조각된 무던한 석탑도 말을 걸어올 것만 같다. 저물녘, 석탑을 등지고 휘적휘적 걸어오는 그의 실루엣이 이처럼 멋져 보인다. 마치 석탑과 하나의 띠처럼 어울리는 그를 보며 나도 석탑이 된다.

결국 답사란 나를 찾는 여행이자, 내 삶의 보약과도 같은 시간을 선사하는 것이 아닐까 한다. 지혜롭고, 착하게 살기 위함이며, 역사에서 나를 보고, 선현들로부터 사숙(私淑)하고, 그러다 보면 내가 불상을 보는 것이 아니라, 내가 석탑을 보는 것이 아니라, 불상과 석탑이 나를 보는 경지에 이르게 될 것이 분명하다.

인생 후반기 청춘에 묻혔던 꿈을 야금야금 살려 환갑 진갑다 지난, 70을 바라보는 나이에 지금을 즐기는 그가 참 멋지지 않는가! 지금은 어느 산골짝, 어느 강가에서 우리의 옛것과 대화하고 있을까.

그를 보면 인생의 행복은 목적지가 아니라 여정 그 자체를 즐김으로써 느낄 수 있다는 것을 실감한다.

그녀 이름은

꽃송이에도 음이 있다? 맞다! 춤사위에도 색이 있으며, 글에도 향기가 있고, 그림에도 리듬이 있다. 하물며 사람임에랴…. 경산시 김향숙 씨와 대화하며 든 생각이다. 통통 튀는 매력, 거침없는 진실, 주위를 환하게 밝히는 가식 없는 미소, 그리고 넘치는 에너지가 상대를 들뜨게 했다.

봉사는 하늘이 내게 내린 축복이라고 한다. 법구경(法句經)에 나오는 말이다. '꽃의 향기가 제아무리 짙더라도 바람을 거슬러 퍼질 수는 없다. 그러나 순수한 마음에서 풍기는 덕의 향기는 바람을 거슬러 이 세상 끝까지 간다.' 작지만 아름다운 행동 하나가 선율을 타며 세상을 환하게 밝힌다는 뜻이다. 남을 위하는 지고지순한 순정을 가진 사람에 의해서만 가능하지 않을까.

그녀는 경산 토박이다. 자원봉사는 마치 우연을 가장한 필연처럼 그녀의 삶 속으로 스며들었다. 2003년, 대구 라이온스에 발을 디딘 것이 자원봉사의 시작이었다. 사업차 인연을 맺은 모 지역 회장으로부터 총무 직책을 부탁받으면서 남을 위한 배려와 봉사에 대한 맛을 조금씩 알아간 듯하다.

그 후 사람과 맺은 끈끈한 결속의 힘을 잘 알게 되었고 그때부터 고향을 위해 무엇인가 하고 싶은 욕구가 생겼다. 남을 위한다는 거창한 명제가 아니어도 좋았다. 가슴이 고동치는 순간을 기대한 것도 아니었다. 사회봉사에 대한 스펙을 쌓기 위한 것은 더더욱 아니었다. 애써 잊고 지나쳤던 사회의 그늘진 곳의 존재가 크게 다가왔기 때문이다.

그녀는 내친김에 장애인 후원단체를 만들고 싶었다. 생각에서만 머무는 허황한 꿈만 꿀 수는 없었다. 당장 실행에 옮겼다. 2006년, 모 사찰에서 발의해 문을 연 중증장애인을 위한 시설 개소식에 참여한 것이 자원봉사의 시작이었다. 장애인을 위한 생일잔치를 매월 둘째 일요일을 택해 열었다. 처음 맛본 신이한 느낌, 무한한 감동이 가슴 깊숙한 곳에서 밀치락달치락 차올랐다. 색다르게 요동치는 두근거림, 이상한 기운의 행복, 그때부터 봉사는 하늘이 내린 축복 같았다.

대구역 광장에서 무료 급식을 시작했다. 눈비가 와도, 더위가 극성을 부려도, 혹한에 세상이 꽁꽁 얼어도 정해진 날에는 어김없었다. 이는 세상과의 약속이었고, 희망을 잃은 사람에 대한 믿음의 전도였기 때문이다. 손에 호호 입김을 불어가며, 비옷을 걸치고 콧물을 훌쩍이는가 하면, 때론 발을 동동 구른 적도 많았다. 그러나 힘든 시간은 함께하는 봉사자들과 따뜻한 대화와 즐거움 넘치는 수다가 용광로 역할을 해주었다. 문득 이런 생각이 들기도 했다.

'내가 저 대열에 끼지 않음을 감사하라!, 사람이 늙는다는 것은 불변의 법칙인데, 현재를 사랑하며 매사 최선을 다하며 살리라.'

늘 감사하는 삶, 매사에 만족하며 나를 내려놓는 마음, 굽어보는 사랑과 자비, 남을 위한 배려가 생활철학으로 자리잡기 시작했다. 세상에 태어나 스스로 칭찬해 마지않는 탁월한 선택이었다. 그때를 생각하면 지금도 가슴 깊은 구석에서 작은 꽃망울이 피는 것 같다. 어느 젊은 봉사활동 회원이 한 말이다.

"우리가 더 노숙자 같아요!"

이슬람 속담이다. '나눠 먹는 물고기에는 가시가 들어있지 않다.' 맞는 말이다. '경산 상록회', 경산시 장애인 후원단체 이름이다. 전직 회장을 거치면서 지금까지도 정성을 다하고 있다. 장애인 수련회가 있는 날이면 회원들은 1인 1 도우미를 자처하며 이들과 행동을 함께한다. 밥 먹는 것부터 데려오고 데려가고 행사의 전 일정을 공유한다. 시각, 지적, 교통 장애 등 어떤 단체든지 도움을 부탁하면 기꺼이 돕는다.

'경산 안전모니터 봉사단'이란 곳에도 몸을 담고 있다. 그곳에서 회장을 맡고 있으며, 경산시 전역을 대상으로 사랑의 마음이 매의 눈과 결합해 잠재된 사건 사고를 미연에 방지하는 역할이다. 회원들의 노력으로 이제 경산은 제보할 것이 더 없다고 할 만큼 깨끗하다고 자부한다. 정해진 회비로 꾸려가면서 아끼고 절약해 불의의 화재로 실의에 빠진 회원에게 적은 금액이나마 성금으로 전달 할 수 있어서 보람을 느낀다는 그녀다.

그녀 활동 영역은 이뿐만이 아니다. '독도 수호 걷기 대회'는 물론, 고향에 '교통 장애인 시가행진'에도 빠지지 않고 참여한다. 부모님 품을 떠나 국방의 의무를 다하는 장병들과 시티투어 등을 같이하며 즐거운 시간도 가진다. 굵직한 행사 뒤에 늘 이들 자원봉사자의 보이지 않는 손길이 있기에 가능한 일이다.

또 '경산 장애인 재활증진 대회' 행사가 있다. 그녀는 이를 기회로 2007년부터 행사장 한 곳에 부스를 마련해 사정이 여의찮은 어르신을 대상으로 '행복사진 만들어 주기'(예전에는 '장수 사진'이라고 했다) 프로젝트를 진행하고 있다. 개인으로서는 결코 쉬운 일이 아니다. 많게는 150여만 원의 돈이 드는 일이다.

마음의 문을 여는 손잡이는 마음 안쪽에만 달려 있다. 하지만 그녀 앞에 서면 그런 진리도 의미가 퇴색되고 만다. 경산시가 올해 '여성친화도시'에 재지정 되었다. 물론 경산시에서 운영하긴 하지만, 이곳에서 2년 임기의 단장이라는 무거운 견장을 차고 여성을 위한, 여성이 안전한, 여성의 시각에서 본 도시를 만들어 가는 데 일조했다. 무인 택배 시스템, 여성 운전자를 위한 노후도로 개선, 사각지대 가로등 사업 등 수없이 많다.

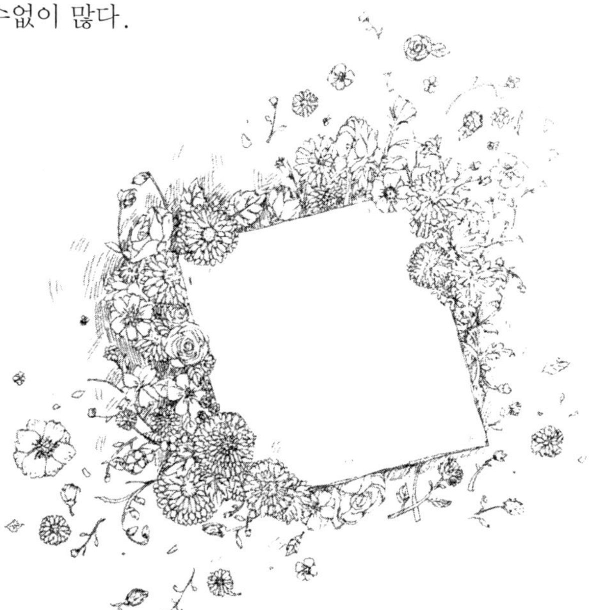

사랑을 자양분 삼아 자라나는 봉사의 새싹이다. 김향숙 씨는 자원봉사를 시작하면서 꼭 한 가지가 마음에 걸렸다. 자원봉사자 평균 연령대가 의외로 높다는 사실이다. 세월과 함께 자원봉사자 나이도 먹어간다는 데 있었다. 그래서 그녀가 생각해 낸 것이 미래의 꿈나무, 자원봉사자 꿈나무를 키우자는 생각이었다.

2007년 그렇게 결성된 것이 '꿈나무 · 수호천사 · 아띠'라는 예쁜 이름의 단체가 생겨났다. 꿈나무는 초등학생, 수호천사는 중학생, 아띠는 고등학생('아름다운 띠' 줄임말이라고 필자 마음대로 결론 내렸지만) 자원봉사자 동아리다. 자원봉사의 올바른 이해로부터 시작해 주변의 친구들을 돕는 것은 물론, 다양한 프로그램을 통해 청소년 인성 계발과 자라면서 창의적이며 남을 배려하는 아름다운 시각으로 성장하게끔 하는 데 있다. 이들 동아리를 지원하는 대학생 봉사동아리 '디딤돌'과 함께 어우러져 화음을 이룬다. 어쩌면 이토록 즐겁고 멋진 생각을 해냈을까.

김향숙 씨는 이곳에서도 동아리 단장이라는 막중한 책임을 맡고 있다. 그러면서 매년 200여만 원을 후원해 미래 자원봉사자 양성은 물론 밝고 희망찬 사회를 위해 노력을 다한다. 우리의 이기적인 행동이 인간의 아름다움을 가장 빨리 훼손한다는 말을 떠올리게 한다. 그러나 소박한 천성의 아름다움이 그 흠을 메우고, 또 치유하기에 세상은 여전히 살만한 가치가 있다.

천국은 우리가 만든다? 처음과는 달리 남편이 내 편이 되어주면서 천군만마를 얻은 듯하다. 밖에서 남의 입을 통해 아내의 칭찬을 듣다 보면 생각이 변하게 마련이다. 그녀는 봉사는 곧 나 자신이라고 한다.

그녀를 꼭 닮은 딸들 역시 어릴 때부터 자원봉사는 당연했다. 이제 성인이 되어서 사회에 발을 디딘 후 그 덕을 톡톡히 보았으니, 새삼 고맙다. 더불어 나로 인해 내 주위가 밝았으면 더 바랄 것이 없다.

진정 종교보다 아름다움이 세상을 지배하는 날이 기다려지는 까닭이다. 오늘도 그녀는 이 세상 움츠리고 있는 사람들을 위해 희망의 은빛 가루 날리며 분리수거하고 있지 않을까?

3퍼센트 소금

많이 베푸는 것보다, 콩 한 쪽도 나누어 먹는 게 세상사 정이라고 한다. 최용임 씨는 1958년 충청북도 옥천의 작은 마을에서 태어났다. 마치 서둘러 떠나듯 다른 사람들보다 먼저 돌아가신 아버지의 기억은 가물가물하지만, 그래도 콩 한 쪽도 이웃과 나누어 먹으라는 말씀이 여전히 기억 속에 남아 있다.

가난이 앞문으로 들어오면 사랑은 뒷문으로 도망간다는 우리나라 속담이 있다. 그러나 누구에게나 통하는 것은 아니다. 물론 궁색하게 살지는 않았다. 최용임 씨는 어릴 때부터 남을 위해 앞장서는 데 창조적인 통찰력이 있었다. 농어촌에서 한창 붐이 일었던 4H 활동이 고향 영동이라고 다르지 않았다. 그녀는 매사에 완벽을 추구하는 성격이었던 만큼 4H 활동도 에너지를 담아 전력을 다했다. 그녀는 자원봉사라는 세상에서 가장 아름다운 행동이 몸에 뱄다. 하늘은 최선을 다하는 사람 등에다 온정의 바람을 후! 하고 불어준다. 18살, 꽃다운 나이에 남을 위한 봉사와 지극한 효행이 입소문을 타서 영동군수로부터 표창장을 받았다.

청춘도 시련이 없으면 결코 앞으로 나아갈 수 없다. 당신보다 딸을 더 사랑했던 아버지가 돌아가셨다. 그녀의 주변 상황이 변하면서 시골에서의 삶을 접어야 했다. 언니 부부가 포항에 결혼식을 다녀온 후 그녀의 인생이 돌변했다. 친인척 결혼식이 있던 날, 누군가가 언니를 보면 동생을 안다며 따지지도 묻지도 않고 지금의 남편을 소개해 주었다.

마치 오래 기다려 온 사랑인 양 남편을 만나는 순간 해묵은 근심이 말끔하게 사라지는 듯했다. 얼굴만 봐도 알 수 있었다. 부산스러운 마음을 내려놓기 좋은, 산중 호수처럼 조용한 심성과 고즈넉한 표정에서 경계를 늦추지 않았던 아가씨의 기운이 점점 무뎌졌다.

봉사에도 리듬이 있고, 저마다 색깔이 있다. 그녀에게 봉사는 삶의 에너지원이다. 인연은 생면부지의 땅 포항에서 제2의 삶이 시작된 것이다. 그렇다고 그녀의 행동 양식은 변하지 않았다. 자원봉사를 향한 본능을 남편도 어쩌지 못했다. 남편으로선 차라리 동조하는 편이 나았을지도 모른다. 1998년, 그녀의 자원봉사활동이 본격적으로 시작되었다.

잘 사는 사람만큼 가난한 사람이 늘어나는, 빈익빈 부익부의 간극이 벌어지면서 소외되고 도움의 손길에서 한참 벗어난 사각지대가 존재하는 현실을 그냥 보고만 있을 수 없었다.

실천은 당연히 가까운 곳부터였다. 그녀는 포항종합사회복지관에서 지역 내 거주하는 홀로 사는 어르신을 비롯해 결손가정 아이들을 대상으로 '행복도시락' 밑반찬 나눔 봉사를 시작했다. 매월 셋째 주 토요일, 준비한 재료로 정성을 다해 반찬을 장만했다. 서른다섯 가구에서 마흔여 가구까지 돌아갈 몫이다. 양과 질 모두를 충족시키기 위해 노력하지만, 돌아서면 늘 부족하단 생각이 들곤 한다. 끝내고 나면 풍족하지 않아서 마음이 짠하다.

이들의 봉사는 무더운 날씨도 아랑곳없다. 추위 따위야 차라리 더 바쁘다. 11시만 되면 "오늘은 반찬이 언제 오노?" 하며 목을 빼고 반찬을 기다리는 분들 생각에 서둘러야 하기 때문이다. 도시락에 차곡차곡 쟁여 각자 구역을 향해 나가는 모습을 볼 때면 가슴에 따뜻한 기운이 뭉클 솟는다. 행복이 뭐 별건가.

벌써 30여 년이 훌쩍 넘었다. 회장을 맡아 앞장서서 활동한 지가 오래다. 그녀에게 회원들 하나 같이 모두가 보물 같다. 회원 30여 명이 십시일반 모은 돈으로 꾸려가기엔 턱없이 부족하지만, 그래도 정성 가득 형형색색의 사람이 모여 이처럼 아름다운 조화를 이루니 날마다 때마다 행복이 움트는 걸 느낀다. 홀로 사는 외로운 분들, 거동이 불편해 늘 애가 쓰이는 분들, 부족한 것투성이인 분께 작은 것이나마 도움을 드릴 수 있다는 것이 진정 그녀의 행복이다.

사랑은 나눠야 더 아름다운 것, 행복은 함께할 때 더욱 짙어지는 법이다. 여러 봉사단체에 몸을 담고 있어 정신없이 하루가 간다. 회장은 바뀌어도 총무는 바뀌지 않는, 그야말로 말뚝 총무를 맡아 앞장서는 봉사회도 따로 있을 정도다. 어떤 조직에도 번잡하기 짝이 없는 총무라는 직책을 맡아서 내부 결속과 함께 봉사활동의 책임을 다해왔다. 회원들 한명 한명이 핏줄이라면 그녀는 조직을 움직이는 근육과 같은 역할이다.

자원봉사도 다양한 분야에서 재능을 발휘하곤 한다. 음악봉사, 즉 세상의 구석지고 그늘뿐인 곳을 찾아 음악이란 도구로 천상의 주어진 햇살을 골고루 밝히는 역할도 하고 있다. 한 달에 평균 3회 요양병원과 요양원을 돌며 세상의 끝자락에서 어둠에 침전되어 가는 삶을 살아가시는 분들에게 희망의 끈을 놓지 말라며 신나고 경쾌한 음악으로 달랜다. 둘째, 셋째, 넷째 월요일은 거르는 법이 없다. 물론 어디서든 흥이 필요한 곳이라면 달려갈 준비가 되어 있다. 단언컨대 순수하게 자비를 털어 행하는 봉사가 그리 쉬운 일은 아니다.

세상이 살기 좋아졌다고는 하지만 아직도 많은 사람이 도움의 손길을 기다리고 있는 곳이 참 많다. 빛이 강할수록 그림자가 더 짙어지듯 손길이 미치지 않은 사각지대에서 힘겨워하시는 분들은 언제나 존재한다. 이들을 찾아내 세상에 알리고, 삶의 끈을 놓지 않도록 돌보곤 한다.

우리네 가슴에 단 3퍼센트 아름다운 생각과 남을 위한 배려의 마음만 있다면 세상은 더 밝아진다는 그녀의 말이다. 그런 억척같은 그녀에게도 시련의 시간은 있었다.

2005년 교통사고를 당하는 불운을 겪었다. 1년 6개월을 병원 신세를 져야 하는 대수술을 받고도 보란 듯 굳건하게 일어났다. 무릎과 허리, 목에까지 아픔의 쇠가 박혀 시시때때 힘들게 하지만 게의 치 않는다. 맹자가 한 말이다.

“하늘이 장차 큰 소임을 내리려 하면, 먼저 마음을 괴롭게 하고, 그 살과 뼈를 고달프게 하고, 그가 하는 일마다 잘못되게 하는데, 이는 마음을 분발시키고 성격을 강인하게 함으로써 그의 능력을 키워 주려는 것이다.”

어르신 목욕을 시켜드릴 때 깡마른 모습, 한 달 후에 다시 찾았을 때 이미 가시고 계시지 않았을 때의 아픔, 그에 비하면 그녀는 천국에서 사는 것으로 생각한다.

자원봉사에 대한 생각은 변함이 없다. 건강이 허락한다면 언제까지라도 할 생각이다. 포항 죽도시장에서 반찬값 아끼려 상인들과의 흥정은 봉사를 위한 일이라 절대 부끄러워하지 않는다. 손이 더 거칠어져도 상관이 없다. 지금처럼만 할 수 있다면 그저 족하다.

무엇보다 남편의 응원이 가장 큰 힘이다. 시장도 함께 볼 수 있어 좋다. 물건을 실어주는 것도 남편 몫이다. 기실 봉사상은 남편이 받아야 한다고 말하는 그녀의 얼굴에 환한 빛이 감돌았다. 그녀 말이 귓전을 울린다.

"3퍼센트 소금이 바닷물을 썩지 않게 합니다."

진정으로 건강하게, 오래 살고 싶다면, 또 아름다운 인간관계를 맺고 싶다면 봉사활동에 참여하라고 권하고 싶다는 그녀다. 결국 봉사는 나를 위한 것임을 아는 데는 그리 오래 걸리지 않는다.

행복이란 향수는 남에게 줄 때 내게도 몇 방울 묻는다고 한다.

가장 뛰어난 명의(名醫)

"웃어보세요. 웃을 줄 몰라요?"

웃으라는 주문에 얼굴만 일그러트릴 뿐 여전히 웃지 않는다. 카메라를 가까이해 재차 주문하였다. 그러나 돌아오는 대답에 내 가슴은 털컥대며 무엇엔가 걸려버린 듯하였다.

"웃음을 잊어버렸어요."

너무 슬퍼 이야기를 시작하지 못한다. 몸을 숨기기 좋은 어둠 속에 파묻은 채 절대고독과 사투를 벌여야 했던 시간……. 하루하루를 이겨내는 것이 아니라 그저 견뎌야 하는 연속이었다. 아무리 세월이 흐른다고 한들 그 애절한 사연을 어찌 잊을 수 있으랴. 아픔을 걷어내고 새로운 꿈을 품기까지 애끓는 침묵뿐이었다.

그러나 이제는 당당하게 말할 수 있다. 물리적 힘에 의지하려 했던 애초의 생각을 접고 용기를 내 세상 밖으로 나왔다. 더없이 외롭고, 오동지섣달 같았던 삶이 밝은 햇살, 봄날의 아지랑이 천지로 변했다. 나중에 알았다. 넓은 세상에 유독 나의 아픔만 있는 것은 아니었다. 나보다 더 기구한 사연을 가슴에 묻고 살아가는 사람들, 그들에게서 웃음을 앗아간 비극적인 이야기, 그러나 살아가다 보면 놀라운 반전의 미학도 있다는 것을 알게 되었다.

부모는 자식이 죽으면 가슴에 묻는다고 한다. 그녀는 다 큰 자식을 가슴에 묻었다.

중국 고사에 나오는 내용이다. 한 병사가 어린 원숭이 한 마리를 잡았다. 어미 원숭이는 소리쳐 울면서 이들을 따라 먼 거리를 내달렸다. 무리의 장군이 사연을 알고 난 후 새끼 원숭이를 풀어주었다. 그러나 어미 원숭이는 그만 죽고 말았다. 배를 갈라보니 애간장이 다 녹아내려 있었다. 이에 노한 장군은 원숭이를 잡은 병사의 목을 쳤다는 이야기다.

50대 중반에 봉사활동을 시작한 김OO 씨는 올해로 70세다. 그녀는 충북 제천에서 태어나 대전에서 학교를 마쳤다. 결혼하면서 남편을 따라 영주에 둥지를 틀고 새 삶을 시작했다. 그러나 얼마 지나지 않아 찾아온 불행의 연속, 잠을 이룰 수 없었지만, 막상 눈을 뜨는 것이 공포였다. 물 한 모금 마시는 것도 죄였다. 그래도 그녀는 이겨냈다. 비록 그녀에게서 웃음은 앗아갈 수 있었어도 삶을 송두리째 앗아가지는 못했다. 이런 그녀를 보다 못한 인근 사찰 승려 한 마디 말이 그녀 삶을 바꾸어 놓았다.

"자원봉사 한 번 해보세요."

사연 하나 더 소개한다. 어떤 사람이 사업에 실패하고 좌절에 빠져 허우적거렸다. 도무지 벗어날 구멍이 보이지 않았다. 견뎌낼 재간이 없어 스스로 삶을 포기하기 위해 강을 가로지르는 다리로 향했다. 그때 휠체어를 탄 사람이 볼펜 한 자루를 팔아달라며 내밀었다. 돈만 건네고 볼펜은 받지 않고 돌아섰다. 세상과 단절하는 그에게 볼펜 한 자루가 무슨 의미가 있을까? 그러나 휠체어를 탄 이는 미소 띤 얼굴로 따라오며 볼펜을 내밀었다. 연이어 거절하였지만, 그는 포기하지 않았다. 그 모습을 본 남자는 죽으려 했던 마음을 돌렸다. 나는 신발이 없어 죽으려 하는 데, 이 사람은 다리조차도 없다는 사실을 깨달았다. 미국의 철강 왕 카네기 이야기다.

인생 2막의 동반자가 생겼다. 자원봉사를 하면서 어둡고 긴 터널을 벗어나 새롭게 태어났다. 1990년대 후반, 처음 자원봉사에 발을 디딘 곳은 성당의 무료 급식소였다. 그녀는 조리부터 배식, 그리고 뒤 설거지까지 몸을 사리지 않았다. 가슴 아파할 여가가 없었다. 울 장소도, 눈물을 감출 곳조차 없었다. 남의 눈도 눈이지만, 정말 하루가 어떻게 지나가는지 몰랐다.

함께 길을 걸어가는 이들에게는 서로의 비밀을 하나씩 알아가게 마련이다. 함께 자원봉사 하며 구슬땀을 흘리는 동료들의 사연도 그녀와 엇비슷했다. 각각의 아픔을 간직한 채 서로를 보듬어 가며 자원봉사활동에 매진했다. 유독 나 홀로 고독해하며 분위기를 망칠 수 없었다. 그러다 시간이 지나면 아무것도 감출 것 없는 투명 모시 같은 상태가 되었다. 이제는 모두가 친구 같고, 맑게 영혼을 나누는 벗이다. 함께 떠들며 수다를 떠는 것조차 행복에 겹다는 그녀다.

성당을 비롯해 복지재단에서도 활동을 한다. 그뿐만이 아니다. 교회에서 운영하는 '실버텔'과 모 사찰에서 꾸려가는 자원봉사에도 그녀는 빠지지 않는다. 그야말로 이타적 종교를 넘어 사랑과 자비를 실천하는 그녀다. 어쩔 수 없는 일이 생겨 빠지는 날이라도 생기면 그분들의 안부가 못내 궁금하다. 내가 만든 밥과 반찬을 정말 맛있게 먹는 사람들을 보면 가슴이 뭉클하게 차오른다.

오래전부터 '재가노인지원센터'에 매일 오가시는 어르신 중 하루라도 나오지 못하는 사람이 생기면 찾아가 안부를 묻고 음식을 챙기고, 말동무를 해줘야 직성이 풀렸다. 마치 내 형제자매처럼 어떻게 지내고 있을까 걱정이 태산이다. 하늘은 그녀에게 인간 세상에서 천사를 대신하라는 뜻인지도 모른다. 이 말이 그녀에게 위로가 될까?

그녀는 봉사활동이 명을 더 길게 이어준다며 잔잔하게 말한다. 봉사활동은 나의 아픔을 낫게 해주는 명의라고 덧붙인다. 이렇게 아름다운 마음씨를 간직한 사람이 또 있을까. 남을 위한 배려와 노력이 결국 나를 위하고 내가 도움을 받는다는 겸손한 마음씨다. 스스로가 몸을 사리지 않고 도움을 드릴 수 있어 지금의 그녀가 있다는 생각이다.

그녀는 예기치 않게 찾아온 병마, 대장암도 잘 견뎌냈다. 긍정의 힘이었고, 우리 모두 함께라는 생각이 늘 앞서 있어서다. 나이가 들면서 아픈 곳도 하나둘씩 늘었다. 그래서 싱크대, 조리대에서 서서 하는 일이라면 가리지 않는다.

지방도시라 축제와 행사가 많이 열린다. 그녀는 청소, 주차관리 등 묵묵히 보이지 않은 곳에서 뒤치다꺼리로 몸을 사리지 않는다. 주차관리 도중 무리하게 끼어드는 차를 제지하거나, 주차 공간에 유도할 때다. 좀 더 가까운 곳, 쉽고 편한 곳에 자신의 차를 세우려고 지시에 따르지 않는 이가 많다. 삿대질은 물론 간혹 욕설을 퍼붓는 일도 있다. 마치 일당을 받고 일을 하는 사람 취급하며 시청에 알려 밥줄을 끊어놓겠다는 엄포도 놓는다. 이럴 때가 가장 슬프다.

그녀의 정성이 하늘에 닿았다. 보건복지부 장관상까지 받아 주위를 감동케 했다. 여든 살까지 자원봉사를 하고 싶지만, 과연 건강히 허락할지 걱정이다. 함께하는 조리사들이 충분히 가능하다고 응원을 보내주곤 한다. 그녀를 향해 일당백이라고 찬사를 아끼지 않는다.

결국 자원봉사는 결국 나를 위한 것이었다. 어둠의 고통에서 밝은 세상으로 나를 공간이동을 시켜준 마법이다. 이 세상을 환하게 밝히는 몸짓이자, 바람을 거슬러 사람에게 전하는 세간의 향기다.

나이와 싸우지 말고, 세월과 다투지 마라. 물이 낮은 곳을 향해 흐르며 빈 곳은 채우고, 막힌 곳은 에둘러 흐른다. 물 흐르듯 세월에 몸을 맡기고, 먼 바다를 향해 꿈을 채우라. 생의 끝이 언제인지 궁금하지도 않다.

· 자원봉사자 이야기는 2017년도에 취재하며 쓴 글이다

대한민국 독도(獨島)

"천하의 일은 부지런하면 다스려지고, 부지런하지 않으면 망가지는 것은 필연의 이치이다" –삼봉(三峯) 정도전(鄭道傳)(1242~1398)

정말 부지런하고 성실한 사람을 한 명 만났다. 내게 우연을 빙자한 필연이었다. 20대 초반 나이에 공직에 몸을 담은 후 40여 년 가까이 경상북도 도청과 군위군 부군수를 지냈다. 퇴임 후 독도재단 사무총장을 마지막으로 모든 것을 내려놓은 그를 최근 2022년 말에야 알게 되었다.

그와 친분을 쌓을 수 있었던 것은 진정 행운을 넘어 내게 잠들어 있던 애국충정을 새삼 일깨우게 된 사연이다. 그는 나와 동갑이다. 그래서 더 정겹게 다가갈 수도 있지 않았을까 생각되었다.

늘 그랬다. 독도에 대해 글을 쓰고자 하였으나 도무지 어디서 어떻게 시작할지 몰라 차일피일 미뤄두고 있었다. 그러던 차에 신순식 독도재단 전 사무총장을 만나게 되면서 독도에 대한 깊이 있는 자료와 역사적 사실을 자세하게 알 기회가 생겼다.

지금도 다르지 않다. 독도에 대한 이웃 일본의 도발은 점점 도를 넘어서 침탈에 가까운 행위를 거침없이 해대고 있다. 이는 민족혼은 물론이요, 우리 국민 자존을 건드리는 행위이다. 개인에게 인격이 있다면 나라에는 국격이 있다. 그들은 국격을 하찮게 여기는 듯하였다. 자국민끼리 그렇게 예의가 바를 수 없지만, 이웃 나라에는 가차 없는 그들의 이중성을 우리나라에도 존중하는 이가 많다. 국격은 자국이 아니라 타국에서 바라보는 시선의 격조임을 알아야 한다.

현재 정치권 잘못이 가장 크다 할 것이다. 침묵해야 할 때 앞서 말하고, 정작 목소리를 높여야 할 때 침묵하는 엇박자 놀음에 어리둥절할 뿐이다. 독도 망언에 침묵하는 것은 긍정도 부정도 하지 않는 것으로 이해해야 할까? 하긴 일본과 북한 사이에 전쟁이 일어난다면 어느 쪽을 도와야 할 것인가란 물음에 필자 주위에 일본이라고 대답하는 이가 태반이다. 발칸반도 살육의 현장을 답사하면서 민족을 위해서라면 불구덩이라도 뛰어 들겠다는 그들을 보며 소름이 돋은 적이 있다. 그러나 우리나라는 빨갱이보다 민족이 하수다.

각설, 독도가 우리 대한민국 영토라는 것에 대한 자료는 차고 넘친다. 일본은 자국이 불리한 자료는 교묘히 감추고, 자국민을 향해 정서적으로 접근해 자국 영토를 한국이 무단 점령 중이라는, 피해자 흉내로 호소하는 웃지 못 할 상황을 연출하고 있다.

독도재단 전 사무총장을 지낸 신순식 씨가 국방대학교에서 쓴 논문을 참고해 짧게 언급하고자 한다.

17세기 말에 일본이 독도를 조선 땅으로 인정하고 자신들의 주장을 철회했던 자료가 있다. 1806년 '돗도리번 보고서' 1870년의 외무성 '조선국 교제시말 내탐서', 그리고 1877년 '태정관 지령문'이 그것이다. 또한 1905년 일본이 독도를 시마네현에 편입한 것은 일본이 1904년 2월 이후 한국을 침략하는 과정에서 일어난 일이기 때문에 카이로 선언에 따라 무효이다. 1900년 한국은 독도를 석도(石島)라는 명칭으로 당시의 울도군 관할 하의 섬으로 한다는 것을 관보로 실었고 1904년까지 독도라는 명칭을 확립했다. 일본 측 공식기록(군함 니이타카 일지 1904. 9. 25)이 그것을 입증해 주고 있다. 반면에 일본 측은 울릉도와 독도의 옛 일본 명칭을 잊어버린 채 1904년 말까지 독도를 서양 이름 '리앙쿠르 락스'에서 파생된 일본식 명칭 '리앙코루트 열암'으로 기재했으며, 보통 그것을 줄여서 '랑코도'라고 불렀다. 즉 일본이 독도의 옛 명칭을 잊어버리고 서양식 명칭을 사용했다는 사실은 일본이 독도에 대한 영유권을 확립하지 못했다는 것을 의미한다. 이에 비해 한국은 '독도'라는 이름을 1904년에 확립시켰으며, 이것은 당시 독도에 대한 영유권이 한국에 있었다는 것을 증명해 주고 있다. 그뿐만 아니라 1905년 이전에 조선(한국)이 세금 정책 으로 독도를 실효적으로 지배하고 있었기 때문에 일본 측이 주장하는 '무주지 선점론'은 성립되지 않는다.
- 신순식, 국방대학교 독도 관련 논문 '독도 영유권 문제에 대한 우리의 대응 전략' 중에서 발췌 -

이 외에서 무수히 많은 역사적 자료가 독도를 우리 영토라고 가리키고 있음이다. 악마의 영어 어원인 Devil은 '비방해 서로 갈라놓다'에서 파생되었다고 한다. 권력을 굳건하게, 그리고 영역을 확장하면서 오래 지속되게끔 이념을 이용해 사람들 편 가르기를 당연시한다. 상대는 제거의 대상으로 만들어 무지몽매한 백성에게 전사라는 투구를 씌워 죽음으로 몰아넣어 지옥을 만든 후 자유라고 이야기 한다. 나치의 유대인 학살이나, 두 차례 세계대전이 그것이다. 일본의 조선 침탈도 다르지 않으며, 한국전쟁도 같은 연장선에 있다. 한반도 남북으로 갈라진 것도 모자라, 영호남의 갈등도 진정기미를 보이긴 하나 갈 길이 멀다. 남의 불행에 손톱을 갈면서 권력을 욕망하는 자, 욕망을 욕망하는 자가 즐겨하는 놀이다. 단편적으로 바라볼 것이 아니라 입체적으로 구조적으로 세상을 보는 지혜의 눈을 길러야 할 때다. 나이가 들수록 더욱더 그렇지 않은가? 꼰대라고 당당하게 내세울 수 있는 자존이 있다면 말이다.

우리는 배달민족이다. 빛을 받은 밝은 땅에서 하늘의 뜻에 맞게 살아가는 천제의 자손이다. 이것이 '홍익인간' 정신이요, 우리가 살아가는 지구촌에 하나의 흐름 속에서 자연과 더불어 탐욕을 버리고 널리 이로움을 향해야 한다는 뜻이다. 바로 지금이 그때이다.

독도를 떠올리며 어줍은 시 한 수 옮긴다.

– 독도, 홍익의 정기를 품은 섬 –

얼마나 오래된 사연입니까!
태고의 신비를 품고
묵묵히 한민족과 함께해 온 나는
이 땅의 얼 독도로소이다.

시리도록 아름다운 문화와
보석같이 빛나는 정신세계의 상징
미래의 꿈, 희망의 요체인 나는
한반도 역사를 기억합니다.

저토록 파란 하늘도 나의 역사이며
저렇게 짙푸른 바다도 나의 정신인 까닭은
혈관을 타고 흐르며
단군의 민족정기로 태어난 까닭입니다.

해양 강국 신라인이 품었던 대양의 꿈
대한의 정신을 빼닮은 굳건한 기상으로
사랑을 받으며 살아온 역사!
내게 미증유 영광입니다.

흔들림 없는 진실
어떤 음모와 계략으로도
나를 앗아갈 수 없는 것은
나는 한민족 얼이기 때문입니다!

460만 년 전, 2,000미터 바닷속
에너지를 분출하며 파란별 잠을 깨웁니다.
용암이 흘러 화산체가 산을 이루고
세상으로 우뚝 솟아 태어납니다.

아무도 찾아주는 이 없는 절대고독
형체도 없는 시간이 속절없이 흘러
나를 있게 한 까닭은 알 수 없었지만
뿌리는 지구의 에너지를 뿜어주었습니다.

어둠을 밀어낸 돋을볕이 비추고
폭풍우와 함께 자드락 비가 내리자
파릇파릇 새싹이 움 트고
생명의 기운이 넘쳤습니다.

바람이 소식을 전하고
새들이 날아와 기쁨을 노래합니다.
호랑이를 닮은 땅에서
새 생명이 꿈틀대며 태동했다고.

평화를 사랑하고
하늘로부터 정의를 실현하는
그런 사람들이 모여
꿈꾸듯 살아가는 나라가.

하늘은 태고의 벗이자
바람도 친굽니다.
파도와 사랑을 나누었고
별들과 전설을 이야기합니다.

고래가 춤추고
물고기와 의지하며 살았습니다.
연어에게 또 다른 세상 이야기를 듣습니다.

환희의 순간이 다가온다고

이름 모를 풀, 철철이 형형색색의 꽃
한 줌 흙에 의지한 생명 경이의 나무
하늘을 나는 아름다운 새들까지
비와 햇살은 새 생명을 품게 했죠.

아득한 그리움이 이끼가 되어 내려앉자
순박 검박한 사람들이 찾아왔습니다.
바다의 기(氣)를 가득 머금은 땅
나를 일러 '독도(獨島)'라고 불렀습니다.

드디어 한민족의 피를 이어받아
마음에 하모니가 울렸습니다.
문화와 민족혼을 함께할 뿐 아니라
행복과 성취, 고뇌까지 공유하기 때문입니다.

침략자들로부터 지켜낸
나의 영웅 안용복
용기와 지혜는 평화를 사랑하는 민족정신
조선의 바다 수호자를 자처한 까닭입니다.

기만과 억지가 힘을 쓸 수 없는 것도
동해의 기상을 떨칠 힘도
굴욕과 고통과 희생을 초개같이 여긴
그가 있었기에 가능했습니다.

한 조각 농토마저 없는 대마도가
악의 첨병 기지 해적소굴이 되고
울릉도가 그들의 손에 넘어갈 즈음에
영웅적인 행보가 이 바다를 지켰습니다.

거친 현해탄 파도도 그의 기상에

두 번이나 길을 내주었습니다.
하층민의 설움에 좌절하지 않았습니다.
해상강국 피를 이어받은 후손입니다.

애도 바쿠후는 그의 진실과 기상에 무릎 꿇었습니다.
용기와 지혜로 장수의 위업을 이루게 했다면
그의 찬탄은 만 장의 글로도 모자랄 것을,
당연히 해야 할 일을 했다는 듯 홀연히 사라져 갔습니다.

평화와 자유를 사랑하고
질서와 하늘의 이치를 존중하던 백의민족
폭력에 속수무책일 때 성난 파도로 울었소이다.
그러나 정의가 승리하는 법.

정의의 기운으로 광복을 쟁취할 때
왜적의 계략에 위기를 맞았지만
홍칠순 대장을 중심으로 울릉도 청년들이 뭉쳐
위대한 정신이 또다시 빛을 발했습니다.

하늘도 알고 그들도 알고
바다도 알고 그들도 알고
세상도 알고 그들도 알고
우리도 알고 그들도 알고

태곳적부터 한반도 영토이자
대한의 정신이요,
고래로부터 한반도의 얼, 홍익인간의 상징
대한민국 독도로소이다!

4 산책

인생은 짧지도 길지도 않은 여유로운 여행의 시간이다.
따라서 시간이 인생을 만드는 도구다.
시간이 남는 삶이 라면 가볍게 산책에 나설 일이다.

序 가볍지 않은 산책

역사가 곧 미래다.

마음에 빗장을 열고 내면의 귀를 기울일 때, 살짝 열어 보이며 다가오는 모든 존재가 공존하는 경이의 세계가 자연(自然)이라면, 역사(歷史)란, 자연에 빌붙어 살아온 인간이 그려놓은 지도이다. 인류 문명과 종교의 탄생, 인류 이동의 역사를 비롯해 자연스레 뒤를 따르는 폭력과 정벌, 침탈을 포함한 모든 것이 망라한 현재진행형이다.

자주 길을 떠난다. 계절에 맞춰 가감 없이 내보이는 자연도 즐긴다. 그러다 과거를 반추하면서, 역사를 만나고, 선현들의 문화와 마주한다. 그러다 문득 무던한 돌무더기의 켜켜이 쌓인 애절한 사연에 귀를 기울인다. 무표정한 돌부처를 보며 석수장이의 사랑을 기억한다.

생각지도 못한 교훈 한 자락 얻으면 이보다 좋을까? 지금은 사라진 풍경이지만, 지난날 흔적과 잔재들이 우리를 사색에 물들게 하고, 내면을 더 살찌우게 한다. 과거에서 미래를 본다는 말이다.

인생은 짧지도 길지도 않은 적당하게 여유로운 여행의 시간이다. 따라서 시간이 인생을 만드는 도구다. 나이 들어 남는 게 시간이라면 가볍게 산책이라도 나설 일이다. 자연과 역사와 선현들이 그려놓은 문화를 만나러. 멀리 갈 것도 없다. 관심을 가지고 시선을 돌리면 우리 주변에 널려 있다.

나의 문화답사

자주 길을 떠난다. 누군가 깨끗이 쓸어놓은 길을 감사하며 그렇게 밟고 간다. 때론 아무도 가지 않는 길을 갈 때도 있다. 먼 길을 돌아 갈 때도 있고, 험한 길을 헤치고 갈 때도 있다. 나름대로 상상하며 길을 만들어 가기도 한다. 그러다 가끔 길이 아닌 길을 갈 때도 있다. 구닥다리 카메라 둘러메고, 어쩌다 솜씨 없는 터수에 스케치 북 하나 있으면 그만이고, 수필집 한 권 넣고 나면 가슴엔 행복한 포말이 인다.

이마에 송골송골 맺혀오는 땀방울이 기분 좋게 하는 이유란, 가끔 생각지도 못했던 횡재수가 있어서다. 산길에서 반기는 이름 모를 야생화 몇 송이 가냘프게 피어 있다거나, 답사지도에도 나오지 않은 석탑 부스러기를 발견 했을 때 들려오는 가슴의 환호성을 기억하기 때문이다.

사실 더 한 것은 오다가다 만난 사람의 인연에 짙게 배여 있는 삶의 진실이 숨어있어서다. 그 인연에는 세상사 고달픔을 잊게 하는 숨은 마력 같은 지혜가 담겨져 있으며, 사람의 진솔한 향기가 잔잔하게 전해지면서 머리와 가슴까지 맑게 해주곤 한다.

굽이친 길을 돌아설 때 불어오는 단 맛의 바람은 청량한 범종소리로 변화되는 신기로 몸의 고단함을 잊게 해주고, 그렇게 길을 따라 가다보면 마지막엔 우리 옛사람들의 이야기가 반기고 있다.

지난 세월의 흔적이 이끼처럼 켜켜이 묻어있는 그곳! 옛날의 절터 폐사지를 즐긴다. 햇살도 색을 달리하며, 부는 바람도 잠시 숨을 멈추고 쉬어간다. 어떤 날엔 내리는 빗방울도 더 투명해 지는 개운한 즐거움이 있다. 자작자작 걷는 발걸음에 사색이 묻어나고, 삶에 힘겨웠던 시간도 맑게 정화하는 보이지 않는 장치가 있다.

이 모든 게 문화재와 역사의 현장 답사장이로 살아온 삶이 이토록 행복한 까닭이다. 역사와 선현의 삶을 거슬러 오르면 종교의 편협함도 없으며, 강요하지 않은 자유로움이 늘려있기도 하다. 그렇게 다녀와 메모와 사진을 정리 할 때면 나도 모르게 이상한 한숨이 새어 나온다. 그것은 미련이 남아서요, 모자란 감성에 저급한 욕심이 있어서라는 것을 나는 안다.

"그거 찾아다니면 밥이 나와요, 술이 나와요?"

미련한 애착을 보다 못한 아내가 내게 하는 말이다.

고등학교 시절 가까이에 천년고찰이 있어 야외스케치 핑계 삼아 찾아다니곤 했다. 지금 생각해도 부도비와 부도탑이 그렇게 좋았다. 화강석에 새겨 놓은 금강역사 조각상을 캔버스에 옮겨 본 기억이 있다. 햇살에 비치는 질감이 편안했고, 귀부 용 조각에 기운도 맛보았다. 무엇보다 절집 안으로 들어서면 내 가슴에 일던 사소하게 얽힌 파문들이 잠잠해져 온다는 사실을 알았다. 목소리도 크게 못 낼 만큼의 위압감도 없지 않았지만, 넓은 뜰을 걸어갈 때면, 슬픈 기억과 집에서 힘들었던 일들이 사그라지는 느낌이 들었다.

사람들은 무료하거나, 저자거리 생활에 찌들어 힘들어 할 때에 여행을 떠난다. 산을 찾기도 하고, 드넓은 바다를 보며 자아를 발견 한다. 그러다 다시 일상으로 돌아가 나를 위하고 내 가족을 위해 사랑으로 다독이며 자신의 영역을 지키기 위해 안간힘을 쓴다. 나는 살짝 다른 여행을 할 뿐이다. 역사가 내게 던지는 교훈과 우리 문화재가 주는 진실에 사색하고 사고하며 나를 찾아 가는 과정의 보약을 즐긴다. 그런 까닭에 어느 시각으로, 어떤 모습으로 얼마만큼 보느냐가 더욱 중요한 내 마음 순화의 단초가 되기도 한다.

기실 거창한 문화재 답사라는 말보다 아마추어의 시각에서 한 치의 벗어남도 없다. 돌아와 답사의 마무리, 답사기를 쓸 때 잔잔한 사색의 느낌 그대로만 담겨있으면 참 좋겠다. 다른 사람들과 함께 즐거움을 나누고, 나의 감동이 오래오래

지속되었으면 하는 바람이 간절할 뿐이다.

답사의 궁극적 목표는 착하게 살기 위함이며, 정의롭게 그러면서 가슴은 따뜻하게, 짧지만 아무것도 이루지 못할 만큼은 아닌 이 세상을 알뜰하게 살아가다 행복하고, 즐겁게 죽어가고 싶은 욕심이 그것이다.

바람이 불어 귓불을 스치고 지나간다. 또 가슴이 설렌다.

만추의 계절 팔공산 순환길

가을 하늘에 몸살을 앓았다. 문득 고개를 들자 앞산에 울긋불긋 단풍이 들었다. 도시의 가로수 플라타너스가 바람에 날리고, 낙엽을 치우는 사람의 수고가 마음에 걸린다. 참 쓸데없는 걱정이다.

두툼한 옷을 찾아 입고 카메라를 둘러맨다. 작정하고 대구의 진산이자, 허파의 기능을 하는 팔공산 단풍을 찾아보기 위해서다. 여행의 첫 목적은 역시 눈맛이다. 이름하여 단풍놀이, 광합성작용에 의해 탈색되는 과정을 즐긴다. 나뭇잎에 남은 영양분을 가지에 몽땅 줘버리고 말라서 거침없이 떨어진다. 희망의 새봄을 맞이하기 위한 자연의 노력이다. 자연의 질서가 이토록 아름답다.

파계사로 향하는 버스를 탄다. 101번, 101-1번. 주말이면 등산객이나 상춘객들로 분비겠지만, 모처럼 여유를 부리며 버스에 몸을 싣는다. 파군재삼거리에서 파계사를 향해 좌회전한다. 봄이면 벚꽃이 아름다운 동화사 길이 눈이 멀게끔 환상이라면, 가을이면 파계사에서 부인사 동화사를 이어주는 왼쪽 순환도로가 천상의 길이다.

파계사 입구에 도착해 버스에서 내렸다. 하늘을 유영하는 바람이 맑다. 먼데 산등성이 파도를 치며 다가오고, 설레는 마음에 정신을 맡겨 길을 걷는다. 시작점부터 햇살을 받은 단풍이 여린 감성을 유혹한다. 전날 내렸던 비로 인해 맑고 투명한 정기가 형형색색 나뭇잎에 서려 있다. 부스스한 가을의 굴절된 빛이 아니라, 착색이 짙은 단풍도 투명하고 화사한 빛이다. 자연이 만들어 낸 조화의 아름다움, 연두에서부터 연노랑, 진노랑, 주홍, 빨강 그리고 꽃보라까지 어우러지면서 투명한 수채물감을 흩뿌려 놓은 듯하다. 저기 저곳, 빨간 단풍이 노란 단풍과 경쟁하듯 햇살을 받아 자태를 뽐낸다.

굽어진 아스팔트 도로 가로수 길. 지나는 차들이 속도를 늦춘다. 자연이 주는 여유를 받아먹기 위함이다. 그들이 내지르는 탄성이 귀에 들리는 듯하다. 타박타박 느림을 즐기며 길을 걷는다. 카메라를 만지는 손이 설렌다. 피사체를 통한 나만의 별난 프리즘에 충동적 장난기가 포함되었다. 시간 가는 줄 모르고 발길 닿는 대로 구석진 숲과 계곡을 찾아다녔다. 그러다 길에서 한참을 벗어나 있는 날 발견하고 제자리로 돌아온다.

혼자라서 참 좋다. 그러나 둘이면 더 좋을 법했다. 하물며 셋이면 수다가 즐거울 것이고, 넷이면 둘씩 짝지어 만들어 내는 탄성의 하모니가 요란할 것이리라. 순간 바람이 불어 잎들이 꽃처럼 흩날린다. 땅에 떨어진 나뭇잎은 이리저리 뒹굴며 구석을 찾는다. 나뭇잎 떨어지는 소리를 바람으로 들었다. 청각과 시각이 합쳐 드라마틱한 추억을 만들었다.

굽은 길을 만났다. 자연이 주는 새로운 영상이 파노라마처럼 펼쳐져 있다. 탁 트인 하늘이 푸르고 맑다. 고개 숙여 예쁜 나뭇잎을 찾는다. 냇가에 돌을 골라도 예쁜 것을 고르기 마련, 나뭇잎 하나도 온전하고 색깔 고운 것에 눈길이 갈 법하다. 그럼에도 불구하고 벌레 먹어 상처 난 것에 애착이 가는 것은 이 무슨 심성일까. 형태가 서로 다른 몇 잎을 주워서 배낭 속 책갈피에 갈무리한다. 그러자 나만의 가을을 훔친 듯해 발걸음이 가을을 탄다.

단풍에도 사랑을 떠오르게 하는 마력이 있다. 사진 속, 노랗게 물든 은행나무 아래 까만 투피스의 소녀가 생각나고,

화려한 단풍나무 아래서 함께 장난치던 뒷집 아이가 떠오른다. 이젤 펴놓고 하얀 도화지에 수채물감으로 가을을 담을 때 멈칫거리며 다가오던 단발머리 여학생 숨결이 등 뒤로 느껴졌다.

디지털 세상에서 아날로그적 삶이 그리운 외로움이다. 힘든 여정도, 앞으로 펼쳐질 길에 대한 두려움조차도 까마득히 잊고, 작은 희망의 불씨를 살리려 긍정의 시간을 이렇게 만들었다.

길과 길은 서로 통한다고 했다. 부인사를 지나 동화사로 오니 그동안 다리품을 팔았던 덕에 자연이 내게 열어서 보여준 경이의 풍경들이 가슴으로 들어와 절대 지워지지 않게 착상되었다. 진정 세상을 아름답게 살아가야 하는 까닭이 하나 더 늘었다.

세상에서 남모를 추억 하나쯤 품지 않고 살아가는 이 있을까. 일상으로 돌아가 목 긴 사슴처럼 알록달록한 그리움으로 코팅된 내 가슴을 보듬고 또 지금처럼 그렇게 살아갈 것이다.

팔공산이

대구의 진산 팔공산, 대구 시민의 쉼터이며 대구시 허파의 기능을 소중히 담당하는 명산이다. 가까이 있어 삶에 힘들고, 외로움이 가슴을 엄습할 때마다 오랜 벗처럼 쉬이 찾게 되는 정 깊은 산이다. 팍팍한 도심의 삶에 자연의 에너지를 한없이 내 품어 우리네 고운 인성을 다듬게 만드는 소중한 자산이 분명하다.

우리는 팔공산이 주는 자연의 넉넉함을 행복하게 받아먹으며 그렇게 살아가고 있다. 그 때문에 타지역 사람들과 달리 솔직담백하다는 말을 많이 듣는다. 그것은 지세와 산세 그리고 잔잔히 흐르는 물길을 닮았기 때문이다. 대구 사람에게 꾸며지지 않은 본질을 알아가는 삶의 언저리가 이토록 행복한 까닭이다. 아픔도 슬픔도 즐거움도 기쁨도 더불어 잔잔히 녹여내는 아름다움이 우리네 마음속에 깊이 자리하고 있는 사연이다.

대구광역시 북동쪽, 태백에서 뻗어오던 산줄기가 잠시 힘을 충전하듯 자리를 잡았다. 금호강의 물길을 아늑히 바라보며 여유 부린다. 산세로 보자면 독수리가 날개를 활짝 펼친 형상인데, 독수리 날개 품에 달구벌이 포근하다. 마치 어머니가 아이를 내려다보듯 지극히 내려다보고 있는 듯 우리네 팔공산이 그렇다. 동봉과 서봉을 이어 일곱 겹의 병풍처럼 풍수지리학적으로 명산이라 꼽히는 산, 때문인지 몰라도 바위 곳곳이나 계곡 구석구석 신기(神氣)를 업그레이드하려는 자칭 보살들의 놀이터가 되곤 하여 가끔 촛농으로 몸살을 앓고 있기도 하다.

또한 등산객에게는 더없이 좋은 곳이 팔공산이다. 1,165m의 동봉은 뭇사람들의 사랑을 한 몸에 받고 있다. 가끔 운이 닿으면 동봉 정상에서 내려다보는 아름다운 운해를 감상할 수 있다. 1,150m 서봉 역시 여러 갈래로 난 등산로를 따라 오르면 고요한 정취를 맛보는데 더없이 좋다. 길손을 향해 인사하는 야생화와 그늘을 만들어 주는 고목들이 이토록 사랑스러운 까닭이다.

수태골에서 시작되는 동봉길과 서봉길, 그리고 부인사에서 시작하여 서봉과 오도봉 그리고 파계재 등도 산쟁이들에게는 더없이 좋은 길이다. 계절에 따라 색상을 달리하고, 바람 또한 맛이 다르다. 뿐이랴, 하얀 눈이 내려준 날에는 그야말로 천국이 따로 없다. 설산의 설경들이 넋을 놓게 할 뿐 아니라 오가다 만난 인연들이 참으로 반갑다.

가팔환초, 즉 가산산성을 출발하여 팔공산을 넘어 환성산,

동구 초례봉에 이르는 길고 긴 등산로의 여정이 주목받고 있으며, 곳곳에 쉬어가라는 듯 암자가 자리하고 있으니 이보다 좋을까? 청량한 가슴, 대구 사람들은 무척 행복한 공간 속에 담겨있다.

팔공산 올래 제1길 끝 북지장사와 세 번을 올라 치성을 드리면 꼭 한 가지 소원을 이루어 준다는 참으로 잘생긴 갓바위 관봉석조여래좌상이 전국에서 명성을 떨치고 있다. 머리에 갓을 쓰고 있어 대학 학사모로 해석이 되는 까닭에 입시철만 되면 인산인해를 이루게 되니 산 전체가 불심(佛心)의 성지가 되는 순간이다.

조선 중기 숙종이 불공을 드려 최무수리 사이에서 영조를 얻었던 아홉 물줄기가 모여 이루어졌다는 파계사가 있으며, 수많은 문화재와 말사를 거느린 조계종 제9교구 본사인 동화사(桐華寺)와 초조대장경(初彫大裝經)을 보관하다 몽골의 침략으로 불에 타버린 비구니 도량인 부인사(符仁寺), 그리고 서쪽으로는 전탑이 아름다운 송림사, 동으로는 신라 고찰 은해사(銀海寺)와 고려시대 건축양식의 대표작인 거조암이 자리하고 있다. 그뿐만 아니다. 한티재 넘어 우리나라 석굴사원의 시원인 군위 삼존 석불이 불국토의 장엄 세계를 구현하고 있다. 이렇게 보면 대구 사람은 자신도 모르는 사이에 행복한 생활 속에 젖어 있다.

또한 팔공산에는 그 깊이만큼 역사가 살아 숨 쉰다. 북구 무태 살내, 동구 파군재, 안심, 반야월, 달서구 월배, 앞산 은적사, 장군샘 등등 대구지명에서 알 수 있듯 고려 태조 왕건에 관계되는 이야기가 수없이 전해온다. 팔공산도 예외일 수는 없다. 왕건을 대신하여 목숨을 바친 신숭겸 장군의 전설과 함께 유적지가 고려의 건국에 초석을 대신하듯 숨결을 전한다.

팔공산이 주는 삶의 청량한 맛, 사색의 여유, 봄 여름 가을 겨울 계절의 자락에서 보여주는 아름다운 풍경은 가히 넋을 놓게 만든다. 세상 자연의 질서란 이러하다며 머리보다 가슴이 먼저 알아챘다. 행복한 삶에 사색의 공간 속 우리네 사랑은 깊이를 더한다. 세상사 질곡의 한이 쌓여있는 이들에겐 무한한 은혜로 감싸며 토닥인다. 우리에게 산이란 그런 것, 팔공산은 생의 묵직한 화두를 가볍게 해주는 신비의 산이라면, 이제 그 속에 오롯이 들어가 사색에 잠겨보자. 혹 새로운 진리를 툭! 던져줄지 누가 아는가.

역동적인 도시 대구 시내를 벗어나 북동쪽을 향해 달리면 금호강이 가로막는다. 팔달교를 지나 더 깊숙이 북으로 달리면 앞에 높은 산들이 우뚝 솟아 길을 안내한다. 시간이 된다면 봉무공원을 한 번쯤 들려보는 것도 좋은 추억이 될 것이다. 입구서부터 메타세쿼이아 가로수가 유혹하는 공원길을 천천히 걸으며 여유를 즐겨보자. 순간의 공기도 달다. 하늘의 햇살도 빛을 달리하는 공간, 많은 사람이 한가로운 소소한 일상의 행복을 누리고 있는 모습이다.

공산댐을 지나 팔공산 영역으로 들어선다. 열어놓은 창으로 부는 바람의 무게가 다르다. 드디어 파군재 삼거리다. 파군재, 왕건이 견훤에게 부서진 아픔의 고개 파군재(破軍峙) 삼거리. 그 중앙에 신숭겸 장군이 칼을 잡고 검열하듯 굽어보고 있다. 이곳에서 곧바로 가면 갓바위 동화사로 가는 길이요, 왼편으로 접어들면 신숭겸 장군 유적지를 지나 송림사, 파계사, 부인사를 향하며 다시 동화사와 만나는 길이다.

이쪽과 저쪽, 고통이 가득한 세상 차안(此岸)과 절대 행복의 피안(彼岸)의 세상을 구분하듯 팔공터널을 지난다. 여행의 첫 맛이 볼거리라면 두 번째는 먹거리라 하더라. 봄이면 파릇파릇 온 세상에 초록색이 돋아날 때 미나리 향이 유혹하고, 녹음 우거진 여름이면 싱그러운 신록의 색상과 함께 자연이 바람과 이슬로 익혀낸 포도와 복숭아가 길손을 멈춘다. 가을이면 가로수의 노란 은행나무가 노란색 필터를 끼워 넣은 듯 천지의 노랑 향연 사이사이 붉게 물든 능금이 지천이다. 숲이 익혀낸 송이의 향은 길손에게 갈 길을 잊게 만든다. 겨울의 눈꽃, 하얀 백설의 세상은 더 이상 말해 무엇 하랴!

팔공산 역사에 대해 잠시 알아보자. 팔공산은 삼국시대부터 공산(公山). 중악(中岳) 등으로 불린 영남의 명산(名山)이다. '중악'이나 '공산'이란 명칭은《삼국유사三國遺事》,《삼국사기三國史記》 등의 기록에 나타나 있다. '공산'은 지금의 팔공산을 칭하는 것이고, '중악'이라는 것은 신라 오악(五岳)의 하나로 부르던 명칭이다.

신라는 산을 신격화하여 호국신군으로 받드는 삼산오악을 두었는데, 경주 토함산을 동악, 계룡산을 서악, 지리산을 남악으로, 태백산은 북악, 그리고 중앙의 공산을 중악으로 지칭했다. 신라 세력을 상징하는 신라 최고의 호국성신(護國聖神), 즉 팔공산이 통일신라의 중심지적 위치에 있었음을 나타내는 것이기도 하다. 이렇듯 신라의 상징적인 존재로 국가 차원에서 숭배되어 온 영산(靈山)이었음을 알 수 있다.

팔공산의 불국(佛國)은 영산으로서 뿐만아니라 정치적으로 강력한 지방 세력의 거점지다. 신라. 고려. 조선 등 왕조를 달리하면서도 왕실의 호위를 받을 수 있었고, 그러한 배경 속에서 각 왕조의 중심적 불교문화가 지속되었던 것으로 해석할 수 있다.

이래저래 팔공산은 대구의 자랑이며, 우리가 소중하게 보듬고 안아야 할 명산이다.

북지장사 봄길

작업실에 열어놓은 창으로 불어오는 바람에 꽃향기가 실렸다. 일말의 갈등도 없이 카메라를 메고 길 나섰다. 누가 그랬다. '등짐을 지고 단 한 발짝을 떼어보라, 순간의 공기가 다를 것이다.' 일상을 접고 자연과의 교감은 도심의 삶에 에너지를 충만하게 해준다.

버스에 몸을 싣고 생각에 잠긴다. 멋대로 살되 아름다움을 추구하며 사는 삶이야말로 진정한 자유인이다. 참 쓸데없는 자존감이 솟는다. 내리는 사람이 있으면, 새로운 사람이 올라타고, 삶의 언저리가 평화롭다.

이런저런 생각으로 한 시간을 달렸다. 물길에 봄빛이 닿아 윤슬 반짝이는 금호강을 지나자 팔공산이 지척에 와 있다. 도심을 벗어나 가로수에는 벚꽃이 야단스럽게 날린다. 환한 세상, 분홍빛 세상이다. 산들바람에도 꽃비가 내리자 마음도 따라서 가볍다.

버스에서 내렸다. 북지장사를 향해 가는 봄길, 참 오랜만이다. 목적을 향한 길은 도처에 있다. 도처가 길인가? 북지장사 · 방짜유기박물관 이정표를 만나자 생소하고도 야릇한 쾌감이 솟는다. 바람과 공기와 계곡의 물과 파란 하늘과 꽃길 때문이리라.

차에서 내리면 육필 원고 시비(詩碑)가 자연석에 새겨 있어 길손을 잡는다. 반가운 시가 눈에 띈다.

"연탄재 함부로 발로 차지 마라/ 너는 / 누구에게 한번이라도 뜨거운 사람이었느냐"– 〈너에게 묻는다〉 안도현

어느 추운 겨울날 시내 골목길을 걸으면서 전봇대 가로등 아래 버려진 연탄재를 보며 내 마음이 하얗게 타들어 가던 그때가 떠올랐다. 참 춥고 힘겹고 어려웠던 시절이었다.
천상병 님 시 〈귀천歸天〉도 있다.

길을 걷는 이의 마음속에는 백만 가지 번뇌가 도사리고 있

는지도 모른다. 그만큼 마음이 정화되지 못했다는 이야기지만, 오늘만큼은 아무 생각도 할 수 없는 주위 풍경에 압도당하였다.

복사꽃이 반기고, 벚꽃이 야단스럽게 춤춘다. 참 시끄러운 유혹, 화사한 분홍필터를 끼운 들뜬 마음을 애써 다독이면 길가 우리네 어머니 부지런한 삶인 양 텃밭에는 파릇파릇 푸성귀가 돋았다. 악착같은 삶, 한 뼘의 땅이라도 보탬이 되기 위한 노력을 보며 여행의 참맛을 알아가는 중이다.

저기 아스팔트 도로가 끝나는 지점. 굽어진 길에 반사경이 내가 비친다. 왜곡되고 굴절되었지만, 어릴 적 내 아버지를 닮았다. 진한 먹 향이 스민 아련한 추억 한 자락 뒤로하고 걷다 보면 텃밭 위 땅과 만나는 지점에 아지랑이가 눈을 현혹하고, 햇살이 따사롭다. 간간히 만나는 꽃들이 빛을 받아 투명하다. 역광이 주는 천상의 빛 같다.

무섭게 노려보는 탱자나무 가시울타리를 지나자 노송 우거진 숲길이 반갑다. 길 양옆으로 꾸불꾸불 적송이 소나무 향을 풍기며 밭을 이루고 있다. 작은 바람에도 솔향이 실려 폐부 깊숙이 파고든다. 마치 삼림욕장에 들어선 기분이다. 한결 차분해진 마음을 따라 점차 걸음이 느려졌다.

계곡과 함께 난 길을 오르면 겨우내 얼었던 땅이 녹자, 물소리 완연하다. 계곡 가장자리, 알몸인 양 앙상한 가지에서 하얀 목련이 피었다. 어느 시인의 표현처럼 휴지 한 장씩 걸쳐놓은 것 같다. 잎이 나기 전에 다 피어버린 봄꽃이라서 표현된 억울한 사연이다. 목련, 말 그대로 나무에 피는 연꽃이다. 특히 봉오리 터지는 소리는 연꽃이 피어날 때 둔탁하게 내는 청령화성과 음을 함께하는데, 하물며 코 푼 휴지라니? 시인의 색다른 감성에 피식 웃음이 흐른다.

목련꽃에는 슬픈 전설이 하나 있다. 성질 사나운 북쪽 바다의 신을 운명처럼 사랑한 옥황상제의 딸 공주가 있었다. 우연히 자신이 짝사랑하는 신이 유부남이란 사실을 알아버렸고, 그녀는 절망한 나머지 끝내 목숨을 끊어 버렸다. 그 사실을 알게 된 바다의 신은 무슨 생각에선지 아내를 죽여 공주의 무덤 옆에 나란히 묻어 버렸다.

그곳에서 두 그루의 나무가 자라났다. 공주의 무덤에는 하얀 목련이, 아내의 무덤에는 자주색 목련이 피었다. 소원을 이루지 못한 공주의 미련 때문인지, 목련 꽃봉오리는 항상 바다 신이 살고 있는 북쪽 하늘을 향하고 있다. 그래서 '북향화'라는 별명을 얻게 되는데, 봄에 목련이 피기 직전 꽃봉오리 끝을 보면 신기하게 모두 북쪽을 향해 고개를 돌리고 있는 것을 볼 수 있다.

그리고 자목련은 억울하게 죽은 사연인지 독성을 가지고 있어 하얀 목련과 달리 약용으로 불가능하다.

이런저런 생각으로 그렇게 걷다가 보면 다람쥐가 길손에게 인사하고, 아름다움에 취한 이방인이 친한 척 인사를 건네지만, 쪼르르 바위틈으로 도망친다. 고개를 들면 멀리 벚꽃 속에 숨은 듯 북지장사 지붕이 버선코처럼 살짝 드러나며 손짓하듯 반긴다. 벚꽃이 마당을 화사하게 채웠다. 꽃분홍 복사꽃이 가지를 흔들고, 절집의 지킴이 진돗개가 늘어지게 잠을 청하고 있다.

북지장사에는 일주문도 사천왕도 없다. 절집 입구 작은 요사채 옆벽에 사찰로 드는 저잣거리 놈을 검문하듯 신장상을 양쪽으로 그려놓은 것이 전부이다. 보살님 한 분이 햇살 아래 긴 나무 의자에 앉아 까무룩 졸다가 갑자기 나타난 이방인에게 좋은 미소를 건넨다. 올 때마다 뵙는 공양주 보살님이다. 언제나 처음처럼, 기억력이 일천한 것인지 아니면 무념무상 인연들에 연연하지 않는 것인지 여전히 알 길은 없으나, 만날 때마다 처음처럼 인사를 한다. 나 또한 인연에 연연하지 않는다.

합장하고 눈을 들면 작은 터를 앞에 두고 다섯의 기단 위에 높게 올린 대웅전이 날개를 활짝 펼치고 있다. 덤벙주초 위에 민흘림기둥 겹처마 팔작지붕이다. 정면 한 칸 측면 두 칸으로 된 화려한 다포식으로 조선 중기 건축 양식을 잘 보여주고 있다.

정면에서 보면 세 칸 건물로 착각될 수 있으나 튼실하게 하기 위하여 방형의 간주로 세 칸 분할하였으며 날개를 펼친 처마 끝에 시원스럽게 활주를 대고 있어 보는 시선의 높이에 따라 더욱 날렵하고 활기찬 모습이다. 건물 중 유일하게 움직이는 촘촘한 꽃살문이 아름답다.

북지장사도 전란이나 화마를 피해 가진 못했다. 지장사란 56억 7천만 년 후 미륵이 이 세상에 하생할 때까지 지옥에서 고통받는 이가 없도록 부처가 되기를 포기하고 중생을 제도하는 지장보살을 주불로 모시는 사찰이다.

크지 않은 석조지장보살좌상은 까까 민머리에 다소 왜소해 보이며, 법의는 통견이다. 왼손에는 보주를 높이 올려 소담스럽게 쥐고 있으며 오른손은 촉지인을 하고 있다. 얼굴은 앳되거나 여리나, 가느다란 눈매에 담겨있는 미소는 천진한 아이를 보는 느낌이다. 조각 볼륨이 그리 깊지 않아 왜소함을 부채질한다.

가끔 산새 소리 들려오고, 절집 마당이 절간 같다. 지난 어느 봄날 사찰의 뜰을 무심히 걷던 노승의 힘겨운 발걸음이 떠올랐다. 몇 번 점심 공양을 함께했던 인연이 있었는데, 잠시 소원하는 사이 서방정토로 떠나셨다. 따사롭게 햇살이 비추던 날이었다. 불타 없어진 대웅전 터를 걷는 노스님의 옆모습에서 무념무상 깨우침의 모습이 담겨 있음을 보았다.

신라 후기 양식을 한 그리 잘생기지 않은 단출한 석탑 두 기가 나란히 옛 대웅전 터를 바라보며 서 있다. 일 금당 쌍탑의 양식으로 화려했던 그때를 대변하는 것 같고, 그 위에 우두커니 서 있는 스님과 마주 보며 석탑과 나누는 대화가 정겨워 보였다.

그리 크지 않은 삼층석탑은 깨어지고 세파에 시달린 모습에 당당하다거나 건실하다는 느낌보다, 지붕돌의 마모가 심하고 몸돌 또한 그리 온전하지 못해 처연하게 느낄 수도 있다. 아무도 눈길 주는 이 없이 세상살이 등지고 숨어 사는 늙은 모습을 보는 듯 가슴이 싸하다. 하층 기단에 두 개의 우주와 두 개의 탱주가 있고 일 층 기단에 하나의 탱주와 두 개의 우주가 조각되어 있다. 상륜부에는 노반은 없고 밥그릇을 엎어 놓은 모습을 한 복발(覆鉢)만 남아 있다. 일층 몸돌이 훌쩍 커 날씬한 모습이나 지붕돌의 모서리가 깨어져 상승감은 없다. 깊은 내공을 숨기고 있던 노스님과 무척 닮았다. 설렘이나 떨림, 감동의 파도가 사라지고 난 뒤 잔잔한 공허와 무상한 세월이 담겨 있을 법하다.

속 빈 중생이라 염치 불구하고 공양간에 든다. 북지장사에는 불교가 이 땅에 들어와 우리 민속신앙과 자연스레 접목되어 산신각을 모신 것처럼 남해 용문사와 같이 절집 부엌에 조왕신을 모시고 있다. 아마도 지장보살을 모신 사찰이라 사후 세계와 생전의 삶이 어우러진 공간이다.(자세하게는 알 수 없으나, 지금은 중창 불사로 인해 없어진 듯하다)
가져 간 말린 표고버섯을 조왕신 앞에 놓고 입구에서 졸고 계시던 공양주의 손맛이 묻은 된장찌개에 싱싱한 야채를 곁

들여 한 그릇 뚝딱 비우니 공양주께서 한 그릇 더 비우기를 권한다.

손사래 치고 북지장사 뒷산을 올랐다. 해발 579m 인봉 정상 바위틈 사이로 힘겹게 올라온 소나무가 보고 싶었다. 20여 분 능선을 따라 오르면 바람이 불어 이마에 땀을 씻어주고, 한 번씩 만나는 진달래가 화사하게 반긴다. 더불어 망울진 꽃들이 봄날 기지개를 켠다.

얼마를 올랐을까? 드디어 정상에 섰다. 멀리 동화사 통일대불이 상체를 드러냈다. 바람이 몸을 휘감아 돌고 우뚝 솟은 바위에 절벽 낭떠러지가 조심스럽다. 역시 인봉 정상 소나무 한 그루는 도도한 자태를 뽐내며 갈라진 암반 사이 외로이 세상을 굽어보고 있다. 저토록 작은 흙과 이끼로 이토록 경이로운 생명을 창조하다니, 그에 비하면 아무것도 피워낼 수 없는 나란 존재가 얼마나 왜소한 인생인가.

소나무 아래 앉아서 먼 데를 바라본다. 바위가 되고 소나무가 되고 욕심 많게 진달래도 되어 보았다. 문득 한잔 술이 그립다. 오던 길을 되돌려 봄의 향연을 즐기는 방랑자가 된다.

안나성신 가실성당 비와 함께 찾다

방범창에 빗물이 팅팅 울리는 경쾌한 소리에 눈을 떴다. 비가 오달지게도 내린다. 사진 담을 때 불편하지만 계획이 변할 수 없었다. 우리나라에서 안나를 주요성신으로 모신 성당은 이곳 가실성당 뿐이라고 한다. 마리아의 어머니를 성신으로 모신 성당이라니? 궁금하기 짝이 없다.

안나(Anna). 종교학대사전에 의하면 외경(外經)(야곱의 원복음서)에 요아킴(Joachim)과의 사이에 하나님으로부터 외동딸 마리아를 받아들이는 이야기가 있다. 요아킴과 안나가 금문에서 만나 서로 껴안는 장면이 레오나르도 다 빈치가 그린 작품에 등장한다고 하지만, 아무리 뒤져봐도 자료를 찾을 수 없었다. 이 장면이 마리아의 수태 장면을 상징한다고 하던데……. 그러나 안나와 마리아 그리고 아기예수가 함께 있는 그림은 찾아서 감상할 수 있었다.

추적추적 비가 내리는 성당은 한산하기 짝이 없다. 절간보다 더 절간 같다. 차에서 내리자 얕은 동산에 단정하게 서 있는 성당이 가슴에 들어왔다. 매번 그렇듯 설렌다. 성당 종탑의 십자가가 가장 먼저 눈에 들어왔다. 높은 곳에서 아래를 굽어보고 있는 듯하다.

붉은 계통의 벽돌이 빗물을 머금은 채 밝고 진하게 조화를 이뤘다. 충남 아산 공세리 성당과 비슷하나 다르다. 화려하게 꾸미지 않았고, 검소한 듯 자신의 종교를 강요하지 않는다. 둥근 창문과 아치의 출입문, 직선과 곡선이 참으로 편안하다. 창문과 세 곳의 출입구를 둔, 종탑이 돌출되면서 정면 입구를 대신하고 있다.

성당 건물 한 바퀴를 도는 길손의 마음에 한가로움이 묻어 있다. 비가 더 세차게 내린다. 싸구려 우산은 세찬 비를 막아내지 못했다. 성당 안으로 들어가려다 문득 시선이 밖으로 향했다. 성당 정면과 마주한 동상 때문이었다. 흰 석고로 된 조각상 같은데 만지지 못했다. 요셉과 마리아, 그리고 어린 예수상인가. 아니면 이곳 성당의 성격에 맞춰 안나와 요아킴, 어린 마리아인가. 아무려면 어떨까. 참 온화하면서 아름다운 표정의 조각상이다.

신발을 벗고 성당 안으로 들어섰다. 무겁게 짓누른 공기가 이방인을 맞는다. 기침소리 조차 낼 수 없는 도무지 침묵할 수밖에 없는 공간이다. 정면에 십자가가 가슴에 착상된다. 나도 모르게 저절로 합장했다. 창문에 스테인드글라스가 화려하다. 햇살이 밝다면 더 신비롭게 보이겠지만 은은한 빛으로 인해 묵은 맛을 준다.

십자가 아래 사각의 감실이 있고, 감실 속에 희미한 그림이 걸려있다. 칠보로 된 '엠마오' 그림이다. 엠마오, 예수께서 부활하신 그날 엠마오로 향하던 두 제자가 예수님을 만나고, 예수님께서 이들에게 떡을 떼어주시는 장면이다. 그래서 가실성당 안내문에 '부활감실'이라고 표현했다.

예수님 탄생 2000년 대희년(大喜年)을 맞아 독일의 스테인드글라스 장인 에기노 바이너트(Egino Weinert, 1920. 3. 3.~2012. 9. 4.)가 창문 그림과 함께 제작했다고 한다. 그 옆에 그리 크지 않은 조각이 놓였다. 맞다! 오는 내내 이것이 보고 싶었다. 안나와 어린 마리아다. 1923년 가실성당이 생기기 이전에 프랑스에서 가져온 것이다.

어린 마리아. 반갑지 않은가. 어머니 안나가 어린 마리아에게 다정한 눈길로 책을 읽어주는 모습이다. 오른손을 가슴에 올려 그것을 받아드는 어린 마리아의 모습을 볼 수 있다. 우리나라에 하나뿐인 안나상이다. 가슴에 진한 여운이 오래도록 가시지 않는다. 마음이 여려 믿음이 분주해서다. 어떤 종교에도 쉬이 빠져버리는 중생의 본능이다. 모든 부처를 미륵불로 바라보는 여느 할머니 어머니처럼 말이다.

사방을 둘러보았다. 마음이 분주해졌다. 창색유리 을 감상하기 위해서다. 열 개의 창문에 그려놓은 예수님 삶의 과정이다. 빨강과 파랑, 노랑, 초록 등 단순한 색에 검정 선으로 그린 그림인데 마치 단순화된 도식 같지만, 딱딱하지 않아 친근한 느낌이다. 정면에 둘, 각 측면에 네 개의 문에 색유리 그림은 각각 네 개씩 주제가 있다. 삼왕의 경배, 예수 탄생, 마리아의 엘리사벳 방문, 성모영보 등 이런 식이다. 다른 창문 역시 예수와 어린이들, 베드로, 기적을 행하는 모습, 최후의 만찬, 부활 등으로 이어지며 승천, 호숫가에 나타난 예수로 끝을 맺는다. 무턱대고 바라보면 참으로 이해하기 어려운 그림이다.

세 개 출입문 위에 둥근 반원의 불발기창을 내고 그림을 메웠다. 착한 목자, 잃었던 아들, 씨 뿌리는 사람 등 예수님의 가르침을 그려놓았다. 또 있다. 종탑 원형의 창 셋에 하느님의 신비를 그렸는데 의총의 옥좌, 재림예수, 삼위일체가 그것이다. 성당 건물의 성격에 맞게 건물 전체가 하늘의 은총이 내린 샘이자 공간이다.

십자가 예수님 머리 위에 'INRI'란 글자가 있어 궁금해 돌아와 찾아보았다. 라틴어로 표기하면 'Iesus Nazarenum Rex Iudorem'이 되는데, 화가들은 이 말을 줄여 INRI라고 썼다고 한다. 이는 예수님이 십자가에 처형당할 때 야유하던 군중이 머리 위에 글씨를 써놓았던 것이다. 즉 예수님 머리 위에 쓰인 글씨는 '유대인의 왕'이란 뜻인데, 면류관을 쓴 예수 조각상 위에는 반드시 빠지지 않는 글귀다.

어두운 공간에 서면 밝은 곳으로 눈길을 주기 마련인가 보다. 정면 출입문 사이에 밖에서 보았던 하얀 조각상이 액자처럼 가슴에 들어왔다. 만든 이의 강요가 무엇이든 요셉과 마리아와 어린 예수라고 단정 지었다. 뒤로 멀리 인간 세상의 모습이 보였다. 마치 등에 짐을 진 모습이었다.

밖으로 나오자 여전히 비가 내린다. 하늘이 어두컴컴해 시간을 가늠하기 힘들었다. 비 오는 날을 택한 터라 다음에 또 와야 할 것만 같다. 낙엽이 지는 가을이었으면 참 좋겠다.

이곳 가실성당은 한국전쟁 때 치열했던 낙산리 전투가 벌어졌던 곳이다. 이때 인민군들이 병원으로 사용했다고 한다. 다행인가? 그 덕에 상처를 입지 않고 옛 모습 그대로를 간직하고 있다.

가실성당은 낙산리 일대 가실 나루터와 강창 나루터가 있었다고 한다. 해상교통이 활발했던 터라 낙동강 물길을 따라 선교하고자 하는 생각이 반영되었다. 가실성당은 1895년 까밀로 빠이야스(하경조) 신부가 부임하면서 기와집 한 채를 구매해 성당으로 사용한 것이 시초였다.

대구 계산성당에 이어 대구와 경상북도에서 두 번째 오래된 성당인 셈이다. 1922년 계산성당을 설계한 프랑스인 프와넬(박도행) 신부가 설계하였으며, 투르뇌(여동선) 신부가 중국 기술자 7~8명을 데려와 일 년에 걸쳐 지었다고 한다. 당시 벽돌을 현장에서 손수 구워서 사용하였는데 여동선 신부는 벽돌을 일일이 망치로 두드려 가장 좋은 것은 성당을 짓는 데 사용하였으며, 그다음 것은 사제관, 그리고 나머지는 버렸다고 한다.

아! 안나의 축일이 7월 26일이라고 한다. 이미 늦었지만, 내년을 기약할 수 있으려나.

가실성당은 경상북도 칠곡군 왜관읍 낙산리 614번지에 있다.

성스러운 기운 한티 성지

경북 칠곡은 전국에서도 천주교 박해를 고스란히 몸으로 받았던 남다른 곳이다. 죽음으로 순교를 택하면서 그들이 지키고자 했던 것이 무엇이었을까.

나는《쿼바디스》,《십계》등 종교와 관련된 고전 영화를 무척 좋아한다. 본 것 보고 또 보고 한다며 아내의 한심하고도 냉소 어린 시선을 고스란히 맞아가면서도 되풀이해서 본다. 그러나 여전히 내 얕은 지식으로선 '순교'의 참 의미를 알 수가 없다. 평범한 삶조차 두려워 어둠에 숨은 듯 살아가는 내가 어찌 알까. 다만 종교란 과학적으로 분석하거나, 이성으로 접근할 수 없는 그 무엇인가에 가치를 담고 있을 것이라는 막연한 생각만 할 뿐이다.

하늘에 거먹구름이 잔뜩 깔려 답사지를 향해 출발하는 내 마음 같았다. 다행히 가실성당에서 잠시나마 마음을 추스른 터라 조수석 깊숙이 몸을 뉘고 눈을 감았다. 그것이 싫었던지 아내는 라디오 볼륨을 높인다. 빗소리와 바퀴 구르는 소리가 도무지 알 수 없는 음악과 뒤섞여 소음을 일으켰다.

한티, 즉 '넓고 큰땅'라는 뜻이다. 천주교 박해를 피해 이곳으로 숨어든 사람들의 고귀하고 높은 뜻이 담겨 있다. 팔공산 기슭, 칠곡군 동명면 덕명리에서 군위 부계면으로 넘어가는 한티재를 향하다 보면 해발 600m 기슭에 숨은 듯 들어선 곳이 바로 한티성지다.

이곳을 이야기하기 전에 칠곡군 지천면 연화리에 있는 '신나무골 성지'를 먼저 이야기해야 한다. 기실 비를 핑계 삼아 신나무골을 지나친 것이 내내 마음에 걸렸다. 이곳 한티성지와 두루뭉술 엮기 위함이었다.

신나무골 성지는 천주교 대구교구가 움튼 요람지다. 1800년 정조대왕이 승하하자 노론 벽파가 일으킨 1801년 신유박해 이후 공공연히 천주교 박해가 심해졌다. 이때 신자들은 강원도 산골이나 경상도로 숨어들었다.

경상도에는 청송의 노래산, 영양의 머루산과 일월산, 봉화 우련밭 등 오지에 숨어 신앙생활을 하며 살아가고 있었다. 순조 15년(1815)에 을해박해가 일어나자 지방관아에서 이들 재물을 노려 중앙정부 지시가 없어도 토벌대를 구성해 탄압하기 시작했다. 이들 중 100여 명 이상이 체포되어 대구감영으로 이송되어 죽음을 맞았다. 그 중 종교를 저

버려 풀려나는 이도 있었지만, 일부는 도망쳐 각지로 흩어졌다. 1827년 정해박해 때에도 안동과 봉화 등지에서 교인들이 체포 돼 옥에 갇혀 옥사하거나 긴 옥살이를 해야 했다. 이 두 번에 걸친 박해를 피해 이들이 숨어 새롭게 정착한 곳이 칠곡군 지천면 연화리의 신나무골이었다. 이 중에는 옥에 갇힌 가족들 옥바라지를 위해 이곳에 모여든 이도 있었다고 한다.

1831년 천주교 조선교구가 만들어진 후에 1836년부터 프랑스 신부들이 조선에 들어와 본격적으로 천주교를 전하기 시작했다. 이때 프랑스인 신부 사스땅이 신나무골에 머물며 순회 전교를 했다고 한다. 1839년 기해박해 때 서울 당고개에서 순교했던 홍병주(베드로), 홍영주(바오로) 형제가 이곳에 머물던 중 서울로 압송되었다.

그러나 신나무골은 점점 교인들이 모여들면서 큰 신자촌(信者村)이 형성되자 외국인 신부들 역시 이곳에서 성사를 주곤 했다.

이도 잠시였다. 1866년(고종3) 권력을 쥔 대원군이 6년간 1만 명의 목숨을 앗아간 우리나라 최대의 천주교 박해사건인 '병인박해(丙寅迫害)'를 일으켰다. 이때 신자들이 몸을 피해 숨어든 곳이 바로 한티였다. 한티에는 이미 27년 전인 1839년 기해박해를 피해 이곳으로 온 신자들이 움막집을 지어 생활하고 있었다. 이들은 옹기와 숯을 굽고 화전을 일

구면서 생계를 유지했고, 지천면의 신나무골과 긴밀하게 연락을 취하며 신앙생활을 이어가고 있었다. 한티는 신나무골에서 화를 피해 몸을 숨긴 신자들이 선택하기에 가장 적당한 곳이었을 법하다.

"칠곡 고을 아주 큰 산 중턱에 작고 외딴 마을이 하나 있는데, 그곳에서 40여 명가량이 성사를 받았다."

달레(Dallet)가 쓴 《한국천주교회사》에 1862년 베르뇌 주교의 성무집행보고서 기록이다. 당시 상황을 잘 설명하고 있다. 내용으로 보아 당시에도 외국인 신부들이 이곳에 들러 성사를 해 주었던 것으로 보인다. 다블뤼 주교와 1849년에 입국한 최양업 신부가 그들이다.

어둠이 내린 산골, 넓은 주차장에 대형 버스들이 줄지어 서 있다. 입구에 들어서자 멀리 사람들이 여럿 보인다. 주차장 뒤편 숲 속에 커다란 십자가가 우뚝 솟아 길손을 굽어보며 반긴다. 그 앞으로 부녀자 여럿이 한 줄로 서서 기도를 드리고 있다. 사기골, 큰골, 숯골이라는 지명처럼 박해 당시 교우들이 그릇과 숯을 구워 촌락을 이루며 살았던 터에 세운 십자가다. 이곳이 바로 한티 성지라고 알려주는 것 같다.

숲 속 나무들이 물을 머금고 더 진한 색을 입었다. 잘 정돈된 건물들이 어둠 속에서 빛을 발한다. 다듬은 길을 향해 무작정 걸었다. 순례자들이 기도드리는 공간 순례자 성당을 지나자 길가에 하얀 들국화 개미취가 무리를 이루어 폈다. 작은 바람에도 하늘거리며 내리는 빗물에 간지럼을 타는 것처럼 보인다. 조금 더 올라가자 초가지붕들이 나타났다. 이곳이 옛날 공소가 들어서 있던 자리다.

병인박해가 이어지면서 1868년 무진년(戊辰年) 봄, 이곳에 포졸들이 들이닥쳐 초토화되었다. 당시 조대비의 친척인 공소회장 조 가를로와 부인 최 발바라, 동생 조아기 등 조씨 일가족과 많은 신자가 체포되어 참살 당했다. 먼저 죽이고 나중에 보고하라는 대원군의 '선참후계(先斬後啓)'의 명령에 따른 것이었다. 그야말로 살육이 자행되었다. 이때 순교한 서른일곱 교인의 무덤이 이곳 동산에 산개해 있다. 배씨 문중의 배정모(손이)의 부인 이선이와 배도령, 서씨 문중의 서태순, 조가를로 집안 등이 그들이다. 1887년에 한·불조약이 체결되면서 끝났지만, 나라에서 신앙의 자유가 조금이라도 일찍 받아들여졌으면 희생당하지 않아도 될 목숨이었다. 유학이 유교로 변하면서 더 혹독하게 탄압한 까닭인지도 모른다.

그 후 조 가를로의 아들 조영학(도마)이 공소회장을 이었으며, 그들은 '선조들이 참살당한 거룩한 순교지를 범속한 우리가 밟을 수 없다'고 하여 순교지를 보존하고자 이곳으로 내려와 살면서 새롭게 공소를 열었다고 한다.

그늘진 곳에 초라하게 봉분을 한 이름을 알 수 없는 무덤들이 당시의 모습을 잘 보여주고 있다. 숫자조차 파악하기 힘들었던 천주교 탄압과 순교, 성지 순례길을 걷다가 보면 만날 수 있는 37기의 무덤들은 1, 2, 3, 4… 번호로 대신하는 슬픔은 이 나라 천주교 역사가 오롯이 담겼다.

이곳 초가집 역시 당시의 것이 아니다. 1998년 부흥절에 옛 공소를 복원해 놓았는데 터와 위치 등을 참작해 지은 것으로 알려졌다.

빗방울이 가늘어졌다. 마치 안개비 같았다. 이리저리 발길을 옮기던 중이다. 초가 툇마루에 걸터앉아 도란도란 점심을 먹는 한 쌍의 젊은 남녀의 모습이 반갑다. 뒤를 돌아서자 어린이와 어머니가 함께 밥을 먹는 모습이 성화에 가깝다는 생각이 들었다.

오솔길이 이어지며 텃밭에 야생화가 피었고, 돌담 벽에 붉은 황토는 순교자들의 영생이 서린 색상이다. 뒤꼍으로 돌아가자 크고 작은 옹기들이 오순도순 놓였다. 마치 타임머신을 타고 그들이 구워내 생활했던 것처럼 다가왔다. 깔끔하게 정돈된 마당이 차라리 슬퍼 보인다. 헛간과 정면 세 칸의 초가, 등을 돌린 채 놓인 단칸짜리 창고, 꽃밭에 흐드러지게 핀 붉은 꽃, 돌을 모아 쌓은 축대와 담장, 훤히 열린 사립문을 타고 오르는 인동넝쿨이 군락을 이루며 찬송가를 합창하는 듯하다.

옛 공소를 벗어나자 바람에 습기가 묻어 있고, 우산을 접자 나뭇잎에 고였던 물방울이 머리로 떨어졌다. 온몸에 냉기가 스며든다. 그동안 홀로 떨어져 이곳저곳을 돌던 집사람이 등짐에서 옷을 꺼내 걸친다. 그렇게 더워하던 여름날에 바람막이 옷이라니? 정말이지 사람의 몸은 간사한 것 같다.

길은 새로운 터로 안내했다. 넓은 잔디가 눈을 밝히고, 그 뒤로 빨간 건물이 드러났다. 한티 피정의 집이다. 피정(避靜), 말 그대로 번잡한 일상에서 벗어나 묵상이나 기도를 드리는 행위다.

중국의 어느 비평가가 그랬다. "늘 만족할 줄 아는 것보다 더 부유한 것은 없으며, 세속을 벗어나는 것보다 더 귀중한 것은 없다."라고. 늘 더 가지지 못해 안달 내는 비루한 삶도 그렇지만, 세속을 벗어나 유유자적 자연을 즐기며 나를 되돌아보는 시간을 가지는 것만큼 귀한 것은 없다는 뜻이다. 문득 지난날 발길 했던 산길 끝의 암자들이 생각났다. 아무것도 없어, 아무것도 할 수 없어, 멍하게 시간을 보내다 지쳐 빈둥빈둥 책만 주야장천 읽었던 기억이다. 새들과 벗하고, 하늘에 떠가는 구름과 대화하며, 바람에 마음을 실어 보냈던 그때가 지금과 같은 마음이었을 법하다.

잔디를 뛰어다니는 아이들 목소리가 해맑다. 문득 이곳에서 체포되어 끌려가다 흙다리골에서 처참하게 죽음으로 순교한 이들을 떠올렸다. 《칠곡군지》에 나오는 내용이다. 포졸들이 신자들을 체포해 끌고 가다 힘들고 귀찮았던 모양이다. 동명원 흙다리골에 다다르자 포졸들은 배교(背敎)하는 사람에게는 "너는 양민이다." 하면서 놓아주었고, 신앙을 입증하는 사람들은 나라의 선참후명에 따라 그 자리에서 죽였다. 이때 무려 30여 명이 죽임을 당했다.당시에 배교로 살아남은 사람들이 죽은 이의 시신을 거두어 이들이 쓰던 묵주와 고상도 함께 묻어주었다고 한다. 참으로 슬프고도 아픈 기독교 역사다.

200년 전 천주교 박해를 피해 숨어들었던 그들의 안식처 한티마을, 자신들의 신앙을 위해 목숨을 바쳤던 성지를 걷는 길손의 마음은 그랬다. 부디 세상에 더 없는 친화적이며, 폭력에 당당하게 맞서는가 하면, 정의를 위해 기꺼이 목소리를 높일 수 있는 종교로 이어지길 빌었다.

약한 자를 위해 손을 내밀어 거두고, 어두운 그늘에서 신음하는 이를 외면치 않고, 남을 해롭게 하지 않지만, 남에게 선행도 베풀지 않은 이기적인 신앙을 단호히 물리치길 간절히 바랐다. 그래야 자신의 종교를 위해 목숨을 바쳤던 순교자들의 영성이 영원히 살아있지 않을까.

"여기 생(生)과 사(死)를 한가지로 염원한 순교자의 삶과 죽음이 불사불멸의 영혼으로 살아있나니, 후대(後代)여, 이 혼돈의 시대에도 다시금 영생(永生)의 삶을 생각하라."

이곳 성지 오솔길 바위에 새겨진 이정우 신부의 글이다. 영생의 삶, 길손에겐 여전히 어려운 화두다. 다음 세상을 위해 지금을 허비하는 듯해서 말이다. 내세에 또다시 다음 내세를 위해 허비해야 할 것 같아서…….

각설하자. 최근(이 글을 쓰던 중)에 가실성당에서 출발해 한티성지까지 "한티가는 길"이란 이름의 산책로가 칠곡군에 의해 조성되었다고 한다. 이처럼 좋은 소식이 또 있을까. 홈페이지를 뒤져 찾은 자료를 소개한다.

'한티가는 길'이 새롭게 조성되었다. 천주교 순교자 성지를 찾아 걸으며 자연과 함께 삶의 의미를 새기는 행복한 경험이 될 것이다.
이 길은 칠곡군이 개청 100주년 기념사업의 하나로 2014년 5월부터 공사에 들어가 2016년 9월 10일 개통식을 했다. 왜관 가실성당에서 출발해 칠곡 동명 한티순교성지까지 45.6㎞ 이어지는 순례길이다.
〈자료참조 칠곡군지〉

반가의 살림살이

우복종가(遇伏宗家)

'우복종가' 상주를 지나다 뜻하지 않은 푯말에 가슴이 설렌다. 이런 것을 지난 세월을 답사쟁이로 살아온 필자에게는 행운이라고 한다.

이곳이 바로 상주가 낳은 인물 우복(遇伏) 정경세(鄭經世 1563~1633) 종가다. 상주시 청리면 율리에서 태어났으며, 본관은 진주(晉州)이다. 퇴계 이황과 서애 류성룡의 학통을 이어받아 상주권에서 서애 학통을 확장시켰다.
정경세는 상주가 낳은 인물이자 노론에 맞서 남인의 힘을 보여준 경세론의 일인자였다. 18세 무렵 상주 목사로 부임해 온 류성룡의 문하에 들어가 학문을 하면서 명실공히 유성룡의 수제자가 된다.

이후 중앙정계에 혜성같이 나타나 노론에게 뒤처져 맥을 못추던 남인의 선봉장이 되어 정국을 주도하며 활약을 펼친다. 사단칠정(四端七情)과 인심도심(人心道心)이라는 심성론의 관념론적 학문의 범주에서 벗어나지 못하고 있던 영남학파의 한계를 뛰어넘어 인간의 본성 속에 하늘의 이치가 들어있다는 인성론, 즉 세상을 경영하는 실천론적 경세론에 뛰어난 학문적 능력을 발휘하며 당시 노론의 거두이자 송시열의 스승 김장생과 팽팽한 사상적 균형을 이룬 정경세다.

특히 그는 기호학파와도 대립하지 않고 붕당에 초연한 모습을 보이며 인맥을 넓히기도 했다. 노론의 송준길(宋浚吉)을 사위로 들이면서 서로 교류하게 하는 등 치열한 반목과 갈등으로 대립하던 종파 간의 화합을 위해 노력한 인물이기도 하다.

그도 늘 승승장구만 하였던 것은 아니었다. 24세에 과거에 급제하고, 28세가 되던 해에 '정여립 모반사건'이 터지면서 '기축옥사(己丑獄事)'가 시작되었다. 이때 서인인 송강(松江) 정철(鄭澈 1536~1593)이 사건 책임자로 있으면서 동인에 대한 가혹한 탄압이 시작되었다. 당시 죄 없는 어린아이까지 무려 천여 명의 목숨을 앗아간 대옥사였는데, 치열한 갈등 속에서 이 일로 동인과 서인은 서로 돌아올 수 없는 다리를 건너게 된다.

정철의 집요하고 날카로운 칼날은 정경세도 피해 갈 수 없었다. 무고로 인해 결국 통사랑대교의 직함에서 파직되고 투옥되기도 하였지만, 임진왜란이 일어나자 의병을 일으켜 공을 세워 수찬이 되고 경상도 관찰사가 되었다.

그러나 전란이 끝난 정국 역시 혼란의 연속이었다. 국란을 지혜로 극복한 명재상 류성룡마저 벼슬을 내려놓고 향리로 돌아가는가 하면, 홍의장군 곽재우 역시 반란에 가담했다는 모함을 받아 고초를 겪기도 하였다. 선조가 죽고 광해군이 왕위에 올랐지만, 천하의 간신 이이첨과 김개시의 정국 농단과 더불어, 전란 당시 전공을 세운 남명 조식의 수제자 정인홍(鄭仁弘)의 강력한 개혁 드라이브로 정국은 한 치 앞을 내다볼 수 없었다. 이때 정경세는 정인홍과 곳곳에서 대립의 각을 세웠고 결국 삭탈관직당한 채 고향 상주로 내려오고 만다.

향리로 내려온 정경세는 상주의 신석번, 예천의 정영방 등 영남 유생을 상대로 학업을 전수한다. 후에 인조반정이 일어나 정계에 재입문해 홍문관 부제학, 이조판서를 겸하면서 사대부가의 가장 큰 명예인 홍문관 대제학에 오른다. 말년에 벼슬길에서 물러나 향리로 돌아와 후학양성과 글 읽기로 소일하다 79세의 일기로 세상을 떠나자 의정부 좌찬성에 추증되었다.

이후 영조대왕이 정경세의 덕을 기려 그가 말년에 소일하며 수양하던 곳인 이 일대의 땅을 하사하였다. 그 후 1750년대 5세손 정주원이 이곳에 종가를 짓고 세거하기 시작했다고 한다. '우복종가'가 위치한 이곳은 우산동천이라 부르는데 앞으로 맑은 물이 흐르고, 멀리 안산(案山) 아늑하게 다가온다. 뒷산 중턱에 포근히 자리하고 있는 종가는 정경세를 기념하는 고택이다. 특히 종가 아래 정경세가 벼슬을 내려놓고 돌아와 말년을 보내며 글을 읽던 초가채 '계정(溪亭)' 이 있어 그의 온기를 느낄 수 있는 곳이기도 하다. 아마 지금의 종가 자리에 정경세의 살림집이 있었을 것으로 추정된다.

한적한 차도를 지나 작은 다리를 건너 하천으로 이어지는 둑길에 서자 아이들의 해맑은 웃음소리가 계곡을 메운다. 마침 초여름 날씨라 하늘에는 구름이 들락날락 해를 가리고 계곡 맑은 물에 멱을 감고 물놀이를 즐기는 가족들의 단란함에서 늘 밖으로만 돌아다니는 아버지를 둔 아이들 생각에 짧은 순간이지만 씁쓸함을 지울 수 없다.

또 하나의 실개천에 가로 놓인 다리를 건너자 팔작지붕의 2층 누각 '대산루'와 정경세가 글을 읽던 공간인 초옥 '계정'이 눈에 들어온다. 그러나 애써 내려올 때를 위해 남겨두며 종가로 향한다. 이때 어디선가 나타난 하얀 진돗개 두 마리가 차 꽁무니를 따르며 내달린다. 심심하던 차에 사람의 흔적이 반가운 것인지, 아니면 이방인을 경계하기 위함인지 자못 궁금해졌다.

종가에 다다르자 앞에 적당한 터를 두고 최근에 지은 것 같은 솟을 대문채 넘어 팔작지붕의 사랑채와 뒤로 안채가 우뚝 솟아 탁 트인 먼 곳을 바라보며 서 있다. 토담으로 주위를 에워싼 종가는 넓은 공간에 다섯 동이 있는 독가촌이다. 지형에 따라 동북향으로 안착해 있는데 경사지에 자리 잡아 뒤로 갈수록 높아지며 오른쪽 뒤로 사당이 별도의 영역을 차지한 채 물러나 있다.

종가를 감싸고 있는 높지도 낮지도 않은 뒷산의 구릉들이 포근하게 다가온다. 전체 지형과 종가를 바라보며 감상하던 차에 나를 따라온 진돗개가 다가와 꼬리를 흔든다. 눈동자를 가만히 들여다보니 순하고 때 묻지 않은 시골 처녀와 총각 같다. 차에 먹다가 만 쥐포와 과자 부스러기를 건네자 넙죽 넙죽 잘도 받아먹는다. 대문 안을 들어서자 이들도 마치 처음부터 동행하듯 장난치며 뒤를 따른다. 아무래도 이놈들 때문에 한적하게 고택을 감상하기엔 글렀다고 생각하는 순간 수컷이 암컷에게 모종의 시비를 한 모양이다. 완강하게 거부하던 암컷은 수컷을 단번에 응징하니 그 기세에 놀란 수컷은 꼬리를 내리며 뒤로 물러나고 만다. 그놈 참 양반가 종택에서 수컷 망신을 톡톡히 시키고 있다.

정면 5칸 사랑채에 오르면 앞으로 시원한 풍경이 펼쳐졌다. 그래선지 사랑채 이름이 '산수헌(山水軒)'이다. 사랑채는 막돌로 쌓은 두 단의 기단 위에 우뚝 솟았는데 가운데 장대석으로 계단을 만들어 오르게 했다. 그리 굵지 않은 재목이 큰 막돌과 대비되어 무게감이 떨어지지만, 단정한 모습에서 겸손함도 보인다. 정면 5칸 중 오른쪽 2칸을 방을 내고 가운데 2칸은 대청을 그리고 왼쪽 1칸 툇칸은 방은 두었다.

대청에 출입을 위한 1칸만 비우고 앞으로 기둥이 없는 쪽마루를 달아 닭다리 모양의 계자난간을 놓아 격조를 높였다. 각각의 방에 쌍여닫이 세살문이 가지런해 정리 정돈된 깔끔함을 느끼게 한다. 기둥은 사각으로 홑처마 팔작지붕 집이다. 이곳 우복종가도 상주 지방의 2층 구조에 집착하듯 높은 기단 위에 대청을 높이고 앞의 쪽마루에 난간을 돌려 마치 2층의 누(樓)처럼 보이게 했다.

또 하나 특이한 것은 측면이 1칸이 아니라 툇칸이 한 폭 정도로 물러나 있다. 그리고 사랑채 대청을 건너면 안채와 마주하면서 같은 높이의 안마당이 오롯이 드러나 정겨운 모습이다.

안채로 들어서면 'ㄱ'자 안채와 'ㅡ'자 행랑채가 놓였는데 전체적으로 중부지방에서 많이 볼 수 있는 튼 'ㅁ'자 구조이다. 사랑채를 제외하면 튼 'ㄷ'자 구조가 된다. 그러므로 해서 마당의 영역과 동선이 매우 자유롭다. 또한 안채 전면 2칸에 대청을 꾸미고, 왼편에 안방을, 오른편에 건넌방을 꾸몄다. 안채 또한 막돌로 쌓은 세 단의 기단 위에 올렸는데 일반적으로 맞배지붕이 아니라 팔작지붕이어서 좌익사와 우익사 건물 지붕과 서로 연결되지 않는다. 특히 사랑채의 대청은 건물의 왼쪽으로 치우쳤고, 안채의 대청은 오른쪽으로 치우쳐 서로 엇갈리며 여인들의 공간인 안채를 사랑채의 시선으로부터 어느 정도 보호하려는 의도가 엿보인다.

우복종가는 그리 화려하지도 권위적이지도 않다. 대단한 무엇을 자랑하지도 않는다. 어쩌면 정경세의 사상과 그의 남다른 안목이 후손으로 이어져 이곳 종가에 표현된 것인지도 모른다. 그가 스승을 모시는 서원 건축의 백미 안동 병산서원 건립을 주도했다는 사실을 안다면 이곳 우복종가의 모습과 내력에 고개를 끄덕일 것이다.

특히 몇 번의 벼슬을 고사한 우복의 손자 정도응과 6세손 정종로의 사상처럼 한적하고 자연과 더불어 즐기려는 은둔자 적 정신이 묻어 있으며, 동시에 조선 후기 중부지방 건축물의 모습을 잘 보여주고 있다. 이곳은 기둥의 우람함으로 반가의 권위 나타내는 모습도 보이지 않는다. 사랑채와 안채의 구분으로 남녀 구분이 확연하지만, 성리학적 기조 위에 남성 우월성을 내보이는 모습은 아니다.
이곳 사랑채 대청마루는 그야말로 힐링의 공간 같다. 사랑채 대청에 걸터앉아 조용히 주위의 풍경과 어울려 한적한 시간을 보내기에 안성맞춤이다.

먹이에 정신이 팔린 두 마리 진돗개를 두고 아래에 있는 대산루로 향한다.
대산루는 조선 중기 사상적 지주 정경세의 정신이 살아 있는 건물이다. 정치가 정경세는 학문과 사상을 형식보다는 실천에 옮기는 내면의 가치를 중요시한 인물이었다. 그런 만큼 그가 낙향했을 때, 그리고 만년에 벼슬을 버리고 향리로 돌아와 유유자적 생활을 할 때도 이곳 우산동천을 크게 벗어나지 않았다. 그는 화려한 벼슬 생활과 달리 검박하고 겸손했다. 본인이 거처할 집을 한 채 짓고 계곡 가까이 작은 초옥을 마련해 앞의 우산팔경을 노래하며 즐기거나 후학양성에 힘을 쏟았다.

정경세가 세상을 떠나고 1세기가 지난 후 그의 후손들은 이곳을 진주 정씨의 특별한 공간으로 만들었다. 특히 영조가 남북 10리 동서 5리의 우산동천 땅을 하사하면서 본격적으로 진행된다. 정경세의 5세손 정주원, 6세손 정종로 등은 이곳에 서원과 정자, 종가, 사당 등을 증축하며 하나의 독립된 일가를 이룬다. 현재 남아 있는 것이라곤 종가를 비롯해 외거노비들이 살던 초가와 사당이 있을 뿐이지만, 남쪽 작은 계곡 위에 초가와 계정, 대산루가 있어 호방하며 편협하지 않은 정경세의 정신을 기리고 있다.

대산루는 보기 드물게 'T'자 형으로 이루어졌는데 단층의 건물과 2층의 누각을 이었다. 이것은 앞의 큰 개울과 멀리 안산을 마주함과 동시에 옆에서 흐르는 작은 개울을 함께 품으려 한 뜻이 담겨있다. 가까이 있는 풍경과 멀리 넓은 시야를 확보하는 원경을 끌어들이기 위함이다. '대산루' 이름이 '산을 마주 대하는 누정'이니만큼 역시 앞에 작은 산을 마주하고 있다.

4칸의 단층 건물은 지난날 강학 공간으로 생각되며, 2층의 누각은 손님 접대와 휴식을 위한 공간이다. 그런데 아주 특별한 것은 이 누각으로 오르는 계단이 실내에 있는 우리나라 유일한 공간적 구성이라고 할 수 있다. 누각 앞이나 옆, 즉 외부에서는 오를 수 없게 되어 있으며, 1층 강학 공간의 측면을 통해서만 가능하게 했다. 그리고 2층 누각에 온돌방을 놓는 특별한 재능을 발휘한 대산루다. 2층에 구들을 놓고 불을 지피는 아궁이를 만든다는 것은 당시로서는 매우 파격적인 기술력을 동원한 생각이었을 것이다. 그러나 그 모습이 어떠한지, 어떤 기술을 이용해 2층 방에 구들을 들일 수 있었는지 눈으로 직접 확인을 하고 싶었으나, 대문이 입을 꼭 다문 채 이방인의 접근을 가로막고 있다.

이뿐만 아니다. 이 누각에는 책방과 대청이 놓였는데 자료에 의하면 대청에는 민망하게도 발을 치고 큰일을 보는 화장실이었을 것이라고 추정되는 복숭아 모양의 구멍까지 있다고 한다. 사람 그림자만 보여도 붙들고 문을 열어 달라고 조르고 싶었으나, 인근에 물놀이하는 아이들 목소리만 산에 울릴 뿐 답답하기 짝이 없다.

자료에만 의존하고, 읽은 책 몇 권을 섭렵한 터라 밖에서 상상만 하면서 돌아설 수밖에 없었다. 내부에는 예쁜 담장과 두리기둥, 2층 누각으로 오르는 계단 등 눈여겨볼 것이 참 많을 것이라는 생각이 들어 더욱 아쉬움을 금할 길 없다. 그러나 언젠가는 반드시 누정에 올라 타임머신을 타고 시간을 거슬러 시대인이 되어보리라 다짐하지만 진정 뜻하는 바가 요원할지도 모른다는 생각이 들었다.

그 옆에 정경세가 소요하며 지냈던 아담한 '계정'만 눈으로 담고 돌아설 수밖에 없었다.

우복종가는 경상북도 상주시 외서면 우산리 193-2번지에 있다.

피맺힌 역사의 현장

유학산 정상에 오르다

숙명! 사전적 의미는 '태어날 때부터 타고나거나 피할 수 없는 운명'이란 뜻이다. 이미 정해진 숙명이었을까. 유학산의 아픔을 두고 한 말이다. 유학산은 북쪽은 높고 남쪽은 낮은 구릉으로 된 산이다. 대구의 진산 팔공산에서 서쪽으로 이어지다 끝나갈 즈음 산맥의 서쪽 끝에 솟아 있다.

남북으로 대구~안동을 잇는 5번 국도와 대구~상주를 잇는 25번 국도는 한국전쟁 당시 북한군이 대구로 진격하는 길목이었다. 국군은 낙동강까지 밀고 내려온 북한군을 방어하기 위해 최후의 보루로서 낙동강 방어선을 구축한다.

왜관읍 석전리의 자고산 303고지, 석적읍 포남리 328고지, 석적읍 망정리 숲데미산, 석적읍 성곡리와 가산면 학산리를 잇는 유학산 839고지를 연결했다. 이 전투에서 한미연합군이 북한군을 상대로 치열한 격전 끝에 물리침으로써 북진의 교두보를 마련할 수 있었고, 인천상륙작전 역시 이곳을 지켜냄으로써 전쟁의 판도를 바꿀 수 있었다. 칠곡이 없었으면, 오늘의 대한민국도 없었다는 뜻이다.

이때 유학산은 아홉 번, 328고지는 열다섯 번이나 주인이 바뀌는 격전을 치러야 했다. 정의가 승리하는 법, 마침내 침략자를 물리침으로써 민족 호국의 산으로 거듭났다. 유학산은 다부동을 병풍처럼 포근하게 감싸 안고, 낙동강을 넉넉하게 바라보는 기암으로 된 산이다. 정상 839m에 서면 적들이 밀려오는 모습을 눈으로 확인할 수 있다. 특히 이곳에서 대구는 적의 야포 사정거리 안에 들게 된다. 대구가 무너지면 부산이 지척이다. 그런 까닭에 피아간 한 치의 양보도 없는 빼앗고 빼앗기는 전쟁사의 한 획을 긋는다.

국군 제1사단 12연대 1대대, 11연대 3대대가 1950년 8월 1일부터 왜관 낙정리에서 강을 건넌 후, 8월 12일 방어선 구축을 완료해 적의 공격을 막아내고 있었다. 이후 8월 16일, 왜관 서북방 67㎢의 지역에 960t의 폭탄을 퍼부은 융단폭격으로 적의 예봉이 꺾었다. 그러나 낙동강을 건넌 북한군이 곳곳에서 국군과 충돌하고 있었다. 이때 적군 제15사단 2개 연대가 낙동강 공격에 추가로 투입 된다.

8월 30일 이곳을 미군 제1기병사단에 인계한 국군은 제1사단 본대와 함께 영천방면으로 격전지를 옮겼다. 그러자 미군 제1기병사단은 북한군의 총공세를 견디지 못하고 도덕산 660고지까지 밀리고 말았다. 9월 16일 전열을 가다듬은 미군 제1기병사단과 국군 제1사단이 합세해 총반격을 시작했다. 죽고 죽이는, 빼앗기고 빼앗는 전투가 계속되면서 피아간 엄청난 희생을 치렀다. 9월 24일 드디어 아군이 구미시 선산군 인동면 천생산을 탈환하고, 북진하면서 이곳 유학산 전투가 종결 된다. 55일간의 공방전이었다.

아홉 차례 유학산 탈환전에서 하루에 신병 700여명이 보충되어야 할 정도로 희생이 컸다고 한다. 그때 상황이 얼마나 처절했는지 가늠조차 할 수 없다. 모든 전쟁이 그러하듯 피비린내 나는 살육이었다. 어떤 날에는 하루에 북한군 1,500여 명이 전사하는 등 양측 피해는 실로 어마어마했다. 낙동강 교두보를 마련하고 벌인 방어전에서 북한군 2만 4천여 명, 국군 1만여 명이 전사하거나 다쳤다. 다부동 일대가 피로 물들었던 것이다. 계곡마다 시체 썩어가는 냄새가 진동을 했다.

그리 먼 옛날이야기가 아니다. 73년 전 이 땅에서 일어났던 일이다. 잊어서도 안 되고, 잊혀 질 수도 없다.

이름처럼 학이 노닐던 유학산이다. 이렇게 신선이 사는 듯한 산에 피맺힌 절규가 묻어 있다니 참으로 기구하다 아니할 수 없다.

날을 잡았다. 하늘은 끄무레하게 잔뜩 내려앉았다. 간혹 이슬비보다 굵고 가랑비보다 가는 는개가 내렸다. 팔재 주차장까지 편안하게 차로 올랐다. 애마를 세우고 잘 정돈된 오솔길을 걷는다. 이른 오전이라 내려오는 사람을 만날 수 없었다. 마치 나지막한 산에 난 자드락길처럼 이리저리 굽어가며 새로운 풍경을 내려놓는다. 앞서거니 뒤서거니 산을 오르는 부지런한 사람들과 눈으로 인사를 나누며 쉼 없이 걸었다. 잡목 우거진 굽은 오르막에 나무초리가 머리를 툭툭 건드리며 아는 채 한다. 길섶에 푸새와 잔솔들이 이리저리 자라며 자연의 순리를 보여주고 있다. 하늘과 나무와 땅에 촉촉한 습기가 묻어 있다. 폐부 깊숙이 들어온 공기가 참 달았다.

이마에 땀이 송골송골 맺힐 무렵 불경소리가 들려왔다. 도봉사에 가까웠다는 뜻이다. 마치 나라를 지키다 죽은 영령들을 달래는 진혼의 소리 같았다. 초혼의 마음으로 영령들을 불러 감사드리고 싶었다. 산등성이마다, 골짜기마다 나무 한 그루, 풀 한 포기에도 넋이 스며들지는 않았을까. 마음 속 합장하고 이처럼 아름다운 나라를 있게 한 순국선열의 숭고한 희생에 머리 숙인다.

도봉사에 도착했다. 깎아지른 절벽의 위용이 길손에게 자연의 경이로움을 선사한다. 학이 노닐던 바위라 해서 학바위다. 그 아래 마치 한 마리 학인 양 고고한 자태로 정좌한 팔작지붕의 절집 지붕이 보인다. 살짝 솟은 처마의 끝선이 뒤의 암벽과 조화를 이룬다. 고개를 돌리자 맞은바라기에 녹색의 산등성이 파도를 치고 있다.

포화, 빗발치는 총소리를 상상했다. 포성과 총성이 메아리가 되어 산하를 울렸다. 이처럼 아름다운 풍경에 절규의 역사가 드리워져 있음을 잊어서는 안 된다. 잠시 한 모금 물로 새롭게 마음을 다진다. 지금까지가 녹색의 향기가 풍겨오는 오솔길이었다면, 이제부터 오르막이 숨 가쁜 돌서더릿길이기 때문이다.

통길, 본디 길이 없던 곳인데 많은 사람이 지나가 한 갈래로 난 길이란 순 우리말이다. 옛날 옛적부터 난 외줄기 길이었겠지만, 한국전쟁 당시 주먹밥과 미숫가루를 품고 포탄을 이고 지고 힘겹게 올랐을 절박한 길이었다. 숲을 지나고, 벼룻길인 양 깎아지른 바위길을 오르자 탁 트인 공간이 반긴다. 멀리 낙동강이 굽이치고, 반대편 가산과 팔공산이 흐린 모습으로 은은히 드러났다. 오락가락 내리는 비가 시원하게 가슴을 적신다. 산과 산 사이, 비를 가득 머금은 안개가 날개를 치면서 길손을 따라 정상을 향해 기어오른다.

얼마를 올랐을까? 잠시 목을 축이며 친절하게 놓인 긴 의자에 몸을 편히 했다. 부산스러운 내 마음을 내려놓기 참 좋다. 오롯이 내 삶의 길과 마주하는 시간, 근원을 알 수 없는 고목나무 용트림을 보며 짧은 인생의 덧없음을 느낀다. 하물며 시간의 의미인들 따질까.

새로운 산길로 접어들었다. 높은 산 겹겹이 감춰둔 속살을 드러낸다. 습기를 가득 머금은 녹색의 향연, 시간도 멈춘 듯 청정한 모습, 아득한 그리움이 두툼한 이끼가 되어 바위에 내려앉았다. 얼마나 오래된 풍경인가, 얼마나 오래된 인연인가. 모든 소음과 잡념이 사라진 청아한 공간 속에 맑은 바람만이 남았다. 사소한 자연이지만 길손의 마음이 한참을 머물렀다. 이 같은 여유를 만끽한 것이 언제였든가.

잊고 있었다. 문득 '한국전쟁 전사자 유해발굴 기념지역'이란 안내판이 감성적 허영에 물든 길손의 머리를 쳤다. 이처럼 순한 자연에 핏빛 사연이 이슬처럼 매달려 있다니 서늘한 가슴을 쓸어내린다. 국군, 유엔군, 경찰, 학도병, 지원병, 지역 주민까지 결사항전의 굳은 의지가 북한군 3개 사단을 격멸시킨 혈전과 구국의 현장이다.

길손이 이곳을 찾은 이유가 바로 이것이었다. 혹 지금 길손이 밟고 있는 이 아래 이름 모를 넋이 잠들어 있을지도 모를 일이다. 디디는 발걸음에 숙연함이 묻었다. 숨이 목까지 차오를 무렵 평평한 땅이 나타났다. 헬기장이다. 겨우 도봉사에서 640미터를 걸었을 뿐이다. 이제 유학산 정상 839고지가 160미터 남았다고 친절한 이정표가 알려준다. 급한 발걸음으로 숨을 몰아쉬며 유학산 정상을 향한다.

팔각의 유학정이 안개 속에서 나타났다. 이 층으로 된 누정(樓亭)이다. 서늘한 바람이 불어 길손의 땀을 식혀준다. 누에 오르자 탁 트인 시야가 가슴까지 시원하다. 흐린 날씨에 먼 곳의 산등성이와 발아래 풍경을 수묵화처럼 그려내고 있다. 산이 바다가 되어 출렁이고 있다. 중첩된 구름이 산을 덮고, 산 아래 올망졸망한 집과 건물들이 편안하다. 모두가 고만고만한 산과 구릉, 그다지 높지도 낮지도 않은 산과 산이 이어져 삶을 풍요롭게 품었다. 이곳 팔각의 유학정이 들어서기까지 주인이 아홉 번이나 바뀌는 처절한 역사의 현장에 서 있다. 그래서 유학산은 아까운 나이에 사라져간 젊은 이들의 무덤, 거대한 꽃무덤이다.

돌아서는 발길, '화랑담배 연기 속에 사라진 전우야'란 노랫말이 입가에 흐른다. 이곳 유학산 전투가 배경이 된 진중가요 〈전우야 잘자라〉 중 일부다. 자료에 의하면 이 노래는 9 · 28 서울수복 직후 작사가 유호와 작곡가 박시춘이 하룻밤에 만들었다는 일화가 있다.

'역사를 잊은 민족에게 미래는 없다'.

옛 멋과 자긍심

경상감영공원

1592년 4월 13일 부산포에 발을 디딘 왜적은 동래부사 송상현을 첫 희생자로 삼고 파죽지세로 북상하기 시작했다. 불과 일주일만인 4월 21일 청도 팔조령을 넘어 대구 남쪽 파잠(현, 수성구 파동)까지 순식간에 들이닥쳤다. 왜적의 앞을 가로막는 것은 아무도 없었다. 왜적은 질풍노도와 같이 밀려들어 순식간에 대구향교는 물론 대구읍성을 점령해버린다. 그야말로 무혈입성이었다. 그리고 이틀 후인 23일에는 북구 서변동 무태와 뒷산 도덕봉을 넘어 팔공산 중턱 파계사까지 몰려왔다

.

왜적 중 경상도 지역의 총책인 7군 사령관 모리 데루모토(毛利輝)는 부장 아카시 노리자네(明石則實)와 사이무라 마사히로(齊村政廣) 휘하에 왜적 1,600명의 군대를 주어 대구에 주둔케 했다. 이때 대구부사 윤현이 조정의 명령에 따라 경상좌병영성 울산으로 출전했다가 경상좌병사 이각이 도망치는 바람에 병사를 돌려 대구로 돌아왔으나 대구읍성은 이미 왜적의 수중에 떨어진 후였다. 윤현은 군사를 돌려

팔공산 동화사에 주둔하면서 전열을 가다듬고 있었다. 이때 이서나 하부 관리들은 팔공산 동봉 아래 염불암에 모여 있었다. 한편 4월 30일 선조는 한양을 버리고 의주로 몽진을 떠났다. 한양을 버린다는 것은 곧 백성을 버렸다는 의미다. 그러나 위기에는 늘 나라의 은덕에 밀려난 사람들에 의해 기적처럼 회생하곤 했다.

이때 부인사에 몸을 피하고 있던 대구 유림은 선조로부터 거병하라는 교서를 받은 상태였다. 그럼에도 큰 도호부인 대구에서조차 거병하지 않음을 부끄러워한 후 유림 대표들은 동화사로 가서 대구부사 윤현을 만났다. 윤현이 왜적과 맞서 싸울 의지를 보이지 않자 분개하고 이내 실망하고 돌아왔다. 그러나 이미 대구 곳곳에서 산발적이나마 의병들이 일어나 왜적과 싸워 전과를 올리고 있었다. 대구 주변 해안현의 최계는 70여 명의 고을 사람들과 의병을 결성하여 해안과 금호강변에 주둔하고 있던 왜적을 기습해 많은 수의 왜적을 죽이고 총과 창칼, 말 수십 마리를 탈취하는 등 기세를 올렸다.

그해 7월 6일, 용기를 얻은 유림은 '팔공의진군'을 결성해 본격적으로 왜적과 맞서기 시작했다. 그러자 대구 관군도 움직이기 시작하면서 합동작전을 펼치며 왜적을 무찌르기 시작했다. 그러자 팔공산 아래서 중턱에 모여든 대구 피난민들을 바라만 보던 왜적이 이듬해 5월 중순이 되면서 완전히 철수하기에 이르렀다. 대구의 의병들은 타 지역과는 달리 서로 긴밀히 협조하여 하나의 의병으로 통합해 동화사에 본부를 둔 대구총의병부대를 결성했다. 그리고 민관 협동작전을 펼쳐 왜적을 물리쳤으며, 위기에 처해 있던 경주로 진군해 왜적에 맞서 경주탈환이라는 전과를 올리며 기상을 드높였다.

정유재란이 일어나기 전, 지리적으로나 군사적, 전략적 요충지로서 대구와 팔공산의 중요성이 부각되었다. 조정은 낮은 평지의 성에서는 조총을 주 무기로 한 왜적을 상대하기란 불가능하다는 교훈을 얻었다. 장기전을 예상하면서 산성을 축조해 왜적의 진격로를 차단하려는 작전을 세웠다.

사전에 왜적의 예봉을 꺾고 퇴로를 차단하는 등 왜적에게 속수무책으로 당하기만 했던 개전 초기와 달리 전쟁의 반전을 꾀했다. 대구의 공산산성도 이때 축성에 들어갔다. 더불어 성주 가야산성에 머물고 있던 유정(사명대사)의 승병들이 공산산성을 쌓기 위해 팔공산으로 이동했다. 그 이후 유정은 팔공산 주봉인 비로봉 아래에 군막(軍幕)을 설치하고 왜적의 재침에 대비하면서 지냈다. 결국 왜적은 주변의 관군까지 합세한 의병진과 맞붙어 패전을 거듭하자 1597년 9월 대구를 떠나 울산을 통해 서생포 방향으로 남하할 수밖에 없었다. 이때 비로소 대구읍성을 찾을 수 있었으며, 대구의 중요성이 부각되면서 대구에 경상북도와 대구, 경상남도와 부산, 울산을 아우르는 경상감영이 들어서게 된다. 이때가 1601년(선조 34)이었다. 지금까지 상주와 경주, 안동을 떠돌던 경상감영이 일제강점기에 접어들기까지 대구에 있게 된 내력이다. 그러면서 대한민국 제3의 도시로 발돋움할 기틀이 마련되었다.

대구 시민의 쉼터 경상감영공원

경상감영이 생기면서 대구는 일약 경상도의 중심도시로 부상했다. 그런 만큼 감영의 규모도 예사롭지 않았다. 지금은 옛 모습을 잃어버리긴 했으나 대구시민의 마음속에는 경상감영의 위상에 걸맞는 자존이 담긴 정신적인 구심적 역할을 하는 장소로 살아 있다.

현재에는 경상감영의 관찰사가 집무를 보던 선화당이 남아 있으며, 관찰사가 처소로 사용하던 징청각이 보존되어 있다. 그리고 그동안 선정을 베풀었던 관찰사를 기리기 위한 29개의 선정비군이 있다. 선화당은 주심포식, 정면 여섯 칸 측면 네 칸 겹처마 팔작지붕의 단층 건물로 웅장한 편이다. 이곳 대구에 경상감영이 들어서면서 지었으나 1670년(현종 11)에 화재로 소실되었고, 1730년(영조 6)과 1806년(순조 6)에 다시 불타 1807년에 새롭게 지었으며, 근래에 들어 1970년에 중수했다. 선화당은 현존하는 관아건물이 몇 없다는 점을 생각하면 문화재적으로 큰 가치를 지닌다고 볼 수 있다.

그리고 징청각은 선화당과 비슷한 과정을 겪으며 1970년

정식으로 경상감영공원으로 거듭나면서 선화당과 함께 중수된다. 이와 더불어 선정비군이 담장에 줄지어 서 있어 당시 관찰사의 면모를 일일이 확인할 수 있다. 병마절도사(종이품 관찰사) 이하는 말에서 내리라는 하마비와 선화당 앞 1770년(영조 46)에 제작된 측우대가 있는데, 측우대 진본은 1950년 초에 기상청으로 옮겨가고 모형을 만들어 놓았다. 경상감영의 정문은 관풍루였다. 지금 관풍루는 달성공원 북쪽에 옮겨졌다.

또한 경상감영에는 죄인을 가두던 형옥(刑獄)도 있었다. 당시에는 잡범을 처리하던 우옥과 중요 정치범 등을 가두던 좌옥이 있었는데 좌옥터는 현재 서문로교회 자리로 추측되고, 우옥터는 현재 경상감영공원 뒤 북성로 인근 대안성당의 자리에 있었다. 동학을 창시한 수운(水雲) 최제우(崔濟愚)도 관덕정에서 효수되기 전까지 대구 형옥에 갇혀 있었다. 최제우가 체포되면서 서울로 압송하라는 명령이 떨어진다. 그러나 문경새재를 지날 즈음에 철종이 승하하자 대구로 압송해 구금하라는 명령이 내려졌다. 대구로 온 최제우는 경상감영공원 원형옥에 갇힌다. 현재 대안성당 앞 옛 형구돌 앞에는 경상감영의 옥터였음을 알리는 표지석이 있다. 잠시 최제우의 최후를 소개한다.

당시 경상도 관찰사 서헌순이 직접 최제우의 심문을 맡았다. 그는 사헌부 대사헌, 한성부판윤, 형조판서 등 요직을 거친 인물이었다. 그는 당시 부패하고 썩어빠진 외척과 세도가들과 달리 청렴결백하며 옳고 그름을 잘 판단해 명성이 높았던 인물이었다. 그 일례로 부인이 사택에서 가지고 온 솥이 경상도 것임을 알고 그 솥은 경상감영으로 돌려보냈다는 일화는 매우 유명하다.

수운 최제우는 허황한 사술을 퍼트려 민심을 혼란케 한다는 이유로 몽둥이로 볼기와 넓적다리를 치고, 정강이뼈가 부러지는 등 무려 20여 차례나 혹독한 고문을 받았다고 한다. 그러나 최제우는 심문을 받으면서도 이렇게 말했다.

"내 무극대도로써 천하를 건지고자 하노니 공은 오직 생각대로 하라"

최제우를 심문할 때 상주목사 조영화, 지례현감 정기화 등이 배석했다. 경상도 관찰사 서헌순은 '수운이 제자들에게 글을 써주고 돈을 받은 적은 있으나 토색질한 것은 없으며, 동학이란 나라를 왜적으로부터 막기 위한 학문이라고 한다'며 문초했던 내용 그대로 적어 조정에 보고했다. 하지만 조정에서는 '경상도는 추로지향이어서 음악 소리와 글 읽는 소리가 그치지 않았던 고장이었으나, 동학이라는 요사스러운 무리가 나타나 많은 도당을 결집시켰다'며 서학과 함께 혹세무민의 사교로 몰아갔다. 특히 검무와 검결 은 모반의 뜻이 담긴 것으로 해석하면서 끝까지 최제우를 죽이고자 했다. 결국 최제우는 1864년 3월 10일 형조판서의 훈령에 따라 좌도난정의 죄목으로 참형을 언도받고 관덕정에서 최후를 마친다. 함께 체포된 나머지 12명은 유배 등 엄한 형벌을 받았다.

최제우가 처형을 당할 때 "청수를 가져오라" 하여 물을 마시고 난 뒤 기도를 드린 후 "내 이미 세상일을 다 마쳤으니 칼을 들어 나를 베라" 했다. 떨어진 그의 목은 남문 장대에 4일간이나 걸려있었다.

대구경상감영공원은 대구시민의 사랑을 한 몸에 받는 공간이다. 그런 만큼 이곳을 찾는 사람들도 어른이나 아이 할 것 없이 각양각색이다. 전체 면적 약 16,500㎡로서 일제강점기인 1910년부터 광복 후 1965년까지 경상북도 청사가 이곳에 있었다. 도청이 신천 건너 동구로 옮겨간 후 1970년에 공원으로 조성되면서 대구의 중심이 되었다. 그래서 명칭 또한 중앙공원으로 불리다가 1997년에 와서야 경상감영공원으로 바뀌었다.

1997년 담장을 허물고 공원으로 새롭게 단장하여 대구시민에게 선보였다. 대구의 역사와 관련된 문화유산을 교육의 장으로 활용되고 있다. 또한 옛 건물의 멋을 살린 정문을 들어서면 푸른 녹지에 둘러싸인 팔작지붕의 선화당이 멋스럽다. 그 앞으로 분수, 돌담, 자갈이 깔린 산책로, 팔각의 정자, 쉼터, 작은 도서관, 조국 통일을 기원하는 통일의 종 등이 있어 시민의 휴식처로 공원의 면모를 두루 갖추고 있다. 선화당이 대구시유형문화재 1호이며, 경상감영 관찰사 처소로 쓰이던 징청각이 대구시유형문화재 2호다.

Tip ~~

관풍루가 112년 만에 원래에 있던 옛날 대구지방병무청 자리로 이전복원이 이루어질 예정이다. 이와 함께 경상감영의 정문 포정문과 선화당으로 통하는 내삼문, 이전 대구우체국이 있던 자리의 사병청과 관노문도 복원이 이루어질 전망이다. 늦어도 경상감영공원 복원정비사업이 완료되는 2035년까지 완공될 것으로 예상된다. 이렇게 되면 대구 근대골목과 함께 새로운 관광자원으로 떠오를 것으로 예상된다.

100년 전, 과거로의 여행

대구 중구 근대골목

자동차 바퀴 구르는 소리, 경적, 신호등 지저귐, 가게에서 강제로 흐르는 노랫가락, 탁한 공기, 회색빛 건물, 바쁘게 오가는 사람들…. 시내 도로에서 일상적으로 듣거나 볼 수 있는 것들이다. 그러다 문득 솔은 골목을 만나면 본능처럼 추억이 소환되곤 한다.

도심 가운데 거침없이 곧게 내달리는 넓은 도로가 대동맥이라면, 실골목은 실핏줄인 양, 이리저리 이어진 뭇 인연처럼, 우리네 삶의 연결고리다. 꼬불꼬불 이어진 길, 담장 넘어 무엇이 있을까. 굽은 골목 저편에는 어떤 풍경이 기다리고 있을까. 어린 시절 추억 한 자락 떠올리며 발길을 옮긴다. 계절마다, 날씨에 따라, 오전과 오후 제각각 반전의 맛을 보여주는 마법 같은 길, 삶 그대로의 과정, 오롯이 우리네 인연과 마주하는 곳, 닮지 않은 그리움으로 오순도순 살아가는 골목길 사연이다.

그러나 모두가 이처럼 평범한 일상의 골목이라면 얼마나 좋을까. 언제부턴가 대구 근대골목이 전국에서 돌풍을 일으키고 있다. 근대란, 시대를 구분하기 위한 말로, 중세와 현대 사이, 즉 우리나라는 1876년대 개항부터 1919년 3·1 운동까지를 뜻하기도 한다. 대구가 근대골목이 남달리 유명한 까닭은 그만큼 역사와 문화가 버무린 현장이 당시를 증거 하듯 고스란히 남아 있다는 뜻이다.

자유와 평화를 위해 달구벌 대구는 대한민국 유구한 역사와 그 맥을 함께했다. 대구 사람들은 나라가 풍전등화의 위기에도 안주하지 않았다. 분연히 일어나 붓 대신 창검을 잡고 구국에 앞장서기를 다퉜던 곳이다. 일제강점기 〈빼앗긴 들에도 봄은 오는가〉 저항시인 이상화를 비롯해 손기정 선수 일장기 말소사건의 주인공 소설가 현진건, 그리고 전국으로 애국계몽운동을 확산시킨 국채보상운동 등 항일 저항정신이 기적처럼 살아 숨 쉬는 고장이다. 그런가하면 한국전쟁의 포화 속에서도 바흐의 선율이 흘렀던 도시다.

역사는 편한 데로 흘러온 것이 아니다. 우리네 삶의 과정인 역사를 통해 깨닫고, 선현의 교훈과 말씀으로 삶의 가치를 높여야 한다. 대한민국 관광의 별로 떠오른 대구 중구 근대골목은 작은 조각에 불과할지도 모른다. 그러나 먼 역사와 기억은 다르다. 마치 어제 일처럼 생생하게 느낄 수 있는 시공간이 존재하는 까닭이다.

대구 근대역사 출발점 청라언덕에서 그 진한 의미를 되새겨보라. 겉으로 드러난 것만 보란 뜻이 아니다. 세계열강들이 식민지 개척에 열을 올릴 때 제국주의 촉수로 선진 문물을 대변하는 의료와 함께 들어온 선교사 역시 첨병과 다르지 않았다. 자민족 고혈을 짜내던 변절자에 의해 대구읍성이 전국에서 가장 먼저 헐린다. 그곳에서 나온 성벽 돌을 사용해 집을 지을 때 기초를 놓은 선교사주택은 물론 대구에 적산가옥이 즐비한 까닭도 그냥 무심히 바라보아서는 안 된다.

옛것을 익히되 변함을 알고, 혁신을 두려워하지 않은 대구사람들은 근대문물을 여느 지역 못지않게 빨리 받아들였다. 그리고 우리 몸에 맞게 재탄생해 수용했다. 물론 그 과정이 순탄치만은 않았다. 당시를 상상하며 대구 도심에 숨은그림찾기 하듯 100년 전 근대로의 시간여행을 떠나보자.

흔히들 청라언덕이라고 부르는 곳은 대구 근대화와 개화의 물결이 시작되던 곳이자, 항일정신의 기운이 흐르는 터전이다. 대구근대골목 여행의 시작점이 우연이 아니다. "봄의 교향악이 울려 퍼지는 청라언덕 위에 백합 필 적에 나는 흰 나리꽃 향내 맡으며 너를 위해 노래 노래 부른다"로 시작하는 이은상의 시詩에 대구출신의 박태준朴泰俊(1900~1986)이 곡을 붙인 〈동무생각〉에 등장하는 그 청라언덕이다. 의료선교박물관을 답사하면서 우리 대한민국 의료의 성지 청라언덕에서 일몰과 함께 하루를 마감하며 100여 년을 역주행하는 신비로운 맛을 느낄 수도 있다.

3·1만세운동 계단을 내려와 만날 수 있는 이국적인 모습을 한 성당의 뜰을 거닐며 역사를 돌아보는 여행의 맛은 색다르다. 계산성당은 경상도에서 가장 오래된 성당으로 가톨릭뿐 아니라 대구 근대역사라고도 할 수 있다. 붉은 벽돌로 외벽을 두르고, 뾰족한 첨탑이 우뚝 솟은 고딕양식 외관은 물론 내부 창문을 장식한 스테인드글라스 아름다움은 눈을 뗄 수가 없다.

민족저항시인 이상화 고택은 말할 것도 없다. 험난한 근대사에 온전히 부대끼며 살아왔던 시인 이상화, 준엄한 자기비판과 불같은 저항정신으로 지조와 애국이 무엇인지를 행동으로 보여준 인물이다. 굴종과 변절을 자랑삼던 친일파들을 보며 울분을 삼켜야 했던 민족시인의 심정을 우리는 알아야 한다.

이상화 고택과 마치 하나의 띠처럼 어울리는 국채보상운동에 앞장섰던 서상돈 고택은 민족자존의 바람이 부는 곳이다. 당시 변형되어가는 한옥 구조를 온전하게 확인하면서 선생의 구국 지혜가 어떤 과정을 겪으면서 생겨난 것인지 생각해볼 가치가 있다.

길어서 진골목, 꼬불꼬불 골목길이 숨은 듯 살짝살짝 드러나는 긴 골목이 사투리가 섞여 변했다. 그 오랜 시간을 자로 잰들 무엇하랴만, 역사는 상상 이상으로 길다. 지금의 모습으로 아주 조금씩 변화되길 100년이 훌쩍 넘었으니 이름보다 훨씬 길고 넓다. 대구읍성 터에서 나왔을 법한 크고 네모난 돌로 쌓은 담장 안에는 최근에 지은 맞배지붕 한옥이 너무나 당당하다. 그 뒤로 빨간 벽돌담이 이어지고 빛바랜 소아과 돌출간판이 세월을 먹고 달렸다.

약전골목 제일교회는 근대식 종교건물 교과서다. 교남YMCA에서 일제강점기 도심 속 서구적 건축물을 확인하면서 동시에 3·1 만세운동의 열기와 기운을 몸소 체험해보자. 대구 출신 독립운동 지도자들의 긴박함과 울분에 찬 목소리가 들릴지도 모를 일이다. 대구근대역사관에서 조선 침탈에 앞장섰던 조선식산은행 흔적을, 희움일본군 '위안부' 역사관에서 억압된 삶 속에서 비참하고 비루했던 우리 민족의 쓰라린 역사와 지금의 삶을 돌아보아야 한다. 이것이 기억의 힘이다.

무엇보다 근대골목에는 그때 그 시절 사람들이 기다리고 있다. 한 잔의 차로 목을 축이고, 때론 막걸리 한 잔 놓고 시름을 달랜다. 마음에 실타래처럼 응어리진 갈등의 얼개가 풀리고, 새로운 내일에 용기와 희망이 샘솟을지도 모른다.

역사는 기억하는 자의 몫이며, 우리가 만들어가는 것이다. 무엇보다 선구적 사상을 지닌 선현들에 의해 지금의 우리가 있음을 잊지 말아야 한다.

'대구 중구 근대로의 여행

'https://www.jung.daegu.kr/new/culture/pages/tour/page.html?mc=0011